10|18

12, avenue d'Italie — Paris XIIIe

Du même auteur
dans la collection 10/18

DEMAIN EST UN AUTRE JOUR, n° 2743
COUPS DE FEU DANS LES ÉTOILES, n° 2781
JUDY ET SES NAINS, n° 2830
POUR QUI SONNE LE CLAP, n° 2858
DANCING IN THE DARK, n° 2907

MOI, J'AIME LE CINÉMA

PAR

STUART KAMINSKY

Traduit de l'américain
par Simone HILLING

10 18

« Grands Détectives »
dirigé par Jean-Claude Zylberstein

Si vous désirez être régulièrement tenu au courant de nos publications, écrivez-nous :
Éditions 10/18
c/o 01 Consultants (titre n° 2951)
35, rue du Sergent Bauchat
75012 Paris

Titre original :
He Done Her Wrong

ISBN 2-264-02730-4

CHAPITRE PREMIER

La Mae West la plus aguichante de la salle, à part la vraie, était un Chinois répondant au nom de Richard Hom, acteur aspirant à devenir un comique. Je ne comptai pas moins de quarante Mae West dans la pièce, dont au moins une était un voleur.

J'avais fait la connaissance de Mae West en 1942, par une fraîche journée d'avril sans soleil. J'avais appelé chez elle la veille, après avoir parlé à mon frère Phil, et l'homme qui avait décroché m'avait dit de venir le lendemain matin. Ensuite, il m'avait indiqué le chemin de son ranch de la vallée de San Fernando, et j'avais demandé à mon garagiste, Arnie-Cou-de-Taureau, de sortir ses astuces des grands jours pour maintenir ma Buick 1934 quelques jours de plus en état de marche. La moitié de mes derniers honoraires avait passé à refaire la peinture et effacer les bosses qu'y avait faites un éléphant en colère.

— Olivier ne passera pas l'été, avait déclaré Arnie, en déplaçant son cigare dans sa bouche et en frictionnant la nouvelle peinture noire. Tu perds ton fric, je peux te le dire.

Ça me chiffonnait qu'il ait baptisé ma bagnole Olivier, car je l'ai toujours considérée du genre femelle.

— Je n'ai pas les moyens de m'en payer une neuve,

expliquai-je. L'inflation arrive, Arn. Mes revenus sont maigres. Les voitures sont rares. C'est la guerre.

Il essuya ses mains graisseuses sur sa salopette graisseuse, cracha sur le capot d'Olivier à l'endroit où il crut discerner une tache, et la fit briller du coude, en vrai professionnel.

— Je connais un mec qui peut t'avoir un coupé Ford 1938 pour deux cents tickets et sans poser de questions, dit-il. Bon état.

— Si je trouve deux cents tickets, je repasserai.

— Fais comme tu veux, dit-il, haussant les épaules en une imitation passable de Randolph Scott.

Je fis comme je voulais et mis le cap sur la vallée. Le moteur tournait rond. Au lieu de l'écouter ou d'écouter la radio, je repassai dans ma tête les renseignements glanés la veille dans les archives au *Los Angeles Times*. Les quelques privés et tous les flics que je connais prétendent tous avoir des amis dans les journaux, reporters ou rédacteurs, qui leur font des fleurs et en reçoivent en retour. Je n'ai pas ce genre de contacts. Je n'ai pas grand-chose à offrir, à part quelques renseignements sur quelques stars, et le peu de fric qu'il me faut, je le gagne principalement en fermant ma gueule.

En 1925, quand j'étais môme, un gangster juif nommé Dave Berman était devenu du jour au lendemain un héros populaire en refusant de témoigner contre ses complices dans une affaire d'enlèvement. « Merde, j'ai rien à perdre que la vie », disait-il, et les mômes de Glendale et d'ailleurs s'en étaient fait une devise. Pour moi, c'était plus que ça. Berman était peut-être un ravisseur, mais il avait autre chose à offrir, son loyalisme et son courage.

Je m'étais bien fringué pour la circonstance : complet d'été gris comme neuf, cent pour cent laine peignée, que j'avais trouvé pour vingt-deux dollars cinquante chez Hy's Vêtements Pour Lui. Quatre tickets de plus m'avaient valu un deuxième pantalon. La cravate était un modèle bleu à rayures, cadeau d'anniversaire de mon ami et voisin de la pension Plaut, Gunther Wherthman.

Descendant la route de Laurel Cañon, j'avisai une pancarte me conseillant : ECONOMISEZ LA NOURRITURE ; alors je m'arrêtai à la première épicerie et m'achetai une douzaine d'œufs à trente cents, trois savonnettes Lifebuoy pour dix-sept cents, et une boîte de céréales sans demander le prix. Pour les choses de première nécessité, foin de l'avarice même en période d'inflation. Mes provisions soigneusement rangées dans mon coffre, je continuai, traversant tout un chapelet de villes de la vallée avant de m'engager sur les routes de campagne, au pied des montagnes.

Mae West, d'après le mec du *Times* à qui j'avais été obligé de graisser la patte pour qu'il me laisse consulter les archives, approchait de la cinquantaine et se faisait dans les trois cent mille dollars à chaque film qu'elle écrivait et jouait. Elle était en train de divorcer d'un gars qu'elle n'avait pas vu depuis vingt ans. Très critiquée par des groupes puritains, à cause de sa mauvaise influence morale, elle n'avait pas tourné un film depuis deux ans ; mais le dernier, *Mon petit poussin chéri*, d'après l'archiviste du *Times*, qui ressemblait aux journaux de ses fichiers — fragile, vieux et légèrement jaunâtre —, avait ramassé un paquet pour la Paramount.

Cela suffisait à mes réflexions en attendant d'obtenir des faits. J'allumai la radio et tombai sur Connie Boswell qui chantait *Stardust*. Je fredonnai avec elle jusqu'à la route qu'on m'avait indiquée, juste à la sortie de La Canada, et j'encourageai Olivier à nous tirer sur ses rechappés jusqu'à la grande maison à un étage. Mae West ne vivait pas au milieu de nulle part — juste à la limite.

Toute l'affaire avait commencé la semaine précédente, quand mon frère Phil m'avait coincé dans mon bureau, cagibi avec porte donnant sur le cabinet dentaire de Sheldon Minck, chirurgien-dentiste.

Phil va bientôt fêter son demi-siècle de présence sur cette terre. Ses cheveux gris acier s'accordent bien à son humeur et à son gabarit solide, qui éveille plus qu'un peu l'idée qu'on se fait du flic. Ce qui tombe bien, vu que c'est un flic de la Criminelle, espérant, en dépit de tous les ennemis qu'il s'est faits au cours des ans par son incapacité à maîtriser ses colères, passer capitaine dans un proche avenir. Les criminels mettent Phil en rogne. Il a beau en piétiner, tabasser, menacer et estropier, il a beau en houspiller, arrêter et coffrer avec preuves réelles ou bidons, il y en a toujours d'autres qui viennent prendre leur place, toujours plus nombreux que la semaine d'avant. Phil combat le crime avec fureur, mais il y a des moments où c'est contre moi qu'il dirige une partie de sa haine.

Il a fait ça toute sa vie. C'est une thérapeutique. Chez lui, c'est un tendre mari et un père affectueux. Il le faut bien. Sa femme, Ruth, est grosse comme un cure-dents soigneusement raboté des deux côtés, prêt pour l'exposition « Incroyable mais Vrai ». Il lui faut un être aimé sur qui passer sa colère.

C'est pourquoi je fus surpris de le trouver dans mon bureau, ce fameux après-midi, pour me demander un service. C'était la première fois de sa vie qu'il me demandait quelque chose, et il prenait sur lui. Il m'aimait et me haïssait à la fois, et je le lui rendais bien, mais il avait confiance en moi, et il en fallait, de la confiance, pour le service qu'il me demandait.

— Mae West, émit-il en un grognement.

Quelque chose comme un silence de mort s'était abattu sur mon petit bureau, à l'exception des bruits que faisait Shelly Minck dans la pièce à côté, en train de fraiser allégrement les dents d'un patient en chantant *When the Red, Red Robin Goes Bob, Bob, Bobbin' Along*. Il fallait aussi faire abstraction des nombreux bruits non identifiés de l'immeuble Farraday et de Hoover Street, mais j'y arrivais très bien. Je contemplai le mur lézardé et la photo de famille : Phil, le bras sur mon épaule, moi tenant par le collier notre chien Murphy, et notre père qui nous regardait fièrement tous les deux. Murph fut plus tard rebaptisé Empereur Guillaume, quand Phil rentra de la Grande Guerre, remplacée aujourd'hui par une autre Grande Guerre, avec pratiquement les mêmes acteurs.

— Je voudrais que tu fasses quelque chose pour Mae West, dit-il en desserrant sa cravate.

— D'accord.

— Tu ne veux pas savoir de quoi il s'agit avant d'accepter ? fit-il en me regardant.

— J'ai accepté. Maintenant, dis-moi de quoi il s'agit.

Il rigola, du rire de celui qui ne trouve pas ça drôle.

— Je vois, dit-il entre des dents raisonnablement droites et propres pour quelqu'un qui passait tant de temps à les serrer et sans doute à mordre des suspects. Tu penses que ça va te donner l'avantage, te donner barre sur moi pour l'avenir, pour me réclamer des fleurs.

— Ça ne m'était pas venu à l'idée, mais je considérerai cela comme une suggestion.

Je résistai à l'impulsion de poser mes pieds sur mon bureau, habitude, parmi quatre ou cinq cents autres, qui pousse Phil à voir rouge. Je me rappelai la dernière fois qu'il avait balayé mes pieds de son bureau, au commissariat de Wilshire. J'avais dû consulter un ostéopathe.

— Toby, dit-il. Pas de vannes ou je m'en vais.

— D'accord, Phil. Fais-moi une fleur. Ne t'en va pas. Laisse-moi t'aider. Je t'en prie. Je serai sage.

Phil leva les yeux au ciel et m'expliqua qu'il avait fait la connaissance de Mae West quand elle était venue s'installer sur la côte en 1931. Il ne me dit pas s'il l'avait bien connue ni comment, mais ça remontait juste avant ou juste après son mariage avec Ruth. Il resta dans le vague et je n'insistai pas. Ils avaient été amis, ou bons amis, et maintenant, elle l'avait appelé au secours. Mais l'affaire n'était pas à proprement parler du ressort de la police. Phil avait promis de l'aider, et c'était cette promesse qui l'amenait dans mon bureau.

— Elle a écrit un livre, expliqua-t-il, une sorte d'autobiographie romancée. Elle n'en a qu'un exemplaire, et il a disparu il y a environ une semaine. Volé dans l'appartement qu'elle a en ville, près de la Paramount. Elle a mis longtemps à l'écrire, et ça lui prendrait deux ans pour le refaire. Elle ne voudrait pas non plus qu'un autre le publie sous son propre nom. Elle ne peut pas prouver qu'il est à elle.

— Et, dis-je, elle veut que quelqu'un le lui retrouve.

— Il y a autre chose, continua Phil. Un type l'a contactée, lui a offert de le lui revendre, et lui a même fixé la date de l'échange, pour cinq bâtons. Elle a accepté, mais elle trouve l'histoire un peu louche. Le type reste trop longtemps au téléphone, il divague. Elle pense qu'il est cinglé et pas réglo.

— Et tu ne peux rien faire ?

— Elle veut que tout ça reste aussi discret que possible, soupira-t-il. Je lui dois ça parce... restons-en là. Je lui dois ça. Je ne suis pas sûr qu'elle ait assez d'éléments pour que je prenne l'affaire en main, si elle voulait que je m'en occupe officiellement. Ça flaire trop le coup de publicité. Alors ?

— J'ai dit que j'acceptais, lui rappelai-je.

Il se leva et porta la main à sa poche revolver. Même avec son pantalon d'une généreuse ampleur, son arrière-train était large et l'extraction fut difficile. Il finit par sortir un portefeuille fatigué et me tendit une carte de l'agence de cautionnement Ruffillo avec un numéro de téléphone.

— De l'autre côté, dit-il.

Je la retournai et vis un autre numéro au crayon, et le nom *Mae*. Je la fourrai dans ma poche de veston.

Phil commença à sortir quelques billets de cinq dollars, et je soupirai :

— Phil.

Il s'arrêta, remit son portefeuille dans sa poche et s'avança vers la porte. Il finissait de payer l'opération d'un de ses gosses et il avait du mal à régler les traites de sa maison de Hollywood Nord. Ce n'était pas parce qu'il se trouvait beau dedans qu'il portait tout le temps le même complet.

— Appelle-moi si tu as besoin de mon aide, dit-il de la porte, sans se retourner.

— D'accord.

Il faillit dire merci. Je crois qu'il en avait envie, mais pas moi. On tient à ses habitudes quand on vit avec depuis plus de quarante ans. Nos rapports étaient déjà en danger après cette visite.

Quand je m'arrêtai devant la maison de Mae West, deux costauds d'une trentaine d'années en cols roulés blancs sortirent en vitesse et prirent position de chaque côté de la porte. Je descendis et les lorgnai avec intérêt.

— Bonjour, dis-je avec mon sourire le plus avenant. Je m'appelle Peters. Toby Peters. J'ai rendez-vous avec Miss West.

J'avançai de quelques pas et arrivai à la conclusion qu'aucun des deux n'émettait la moindre étincelle signalant la présence d'une intelligence humaine ou même d'une certaine astuce animale. Ils agirent comme si je n'avais rien dit. L'un était blond, l'autre brun et frisé. Ils avaient l'air étrangement lourds vers le haut du corps, comme Brutus dans les dessins animés de Popeye. Ils étaient sans doute lents, et j'aurais sans doute pu les avoir tous deux en restant hors de leur portée et en courant à fond la caisse. Dans le passé, toutefois, je m'étais assez souvent trompé sur ces probabilités et je m'étais plus d'une fois (peut-être une douzaine, si vous désirez un compte plus précis) retrouvé dans l'obligation de faire appel à des soins médicaux.

— Hé, vous deux, vous êtes là ? demandai-je en me plantant devant eux. Je peux repasser quand vous serez à la maison.

L'un d'eux, le brun, esquissa quelque chose avec la lèvre inférieure, qui pouvait être un rictus ou un sourire, ou peut-être un bout de toast encore coincé entre ses dents blanches d'une perfection rare. Comme mes dents ne sont ni parfaites ni très blanches, et comme je suis presque aussi vieux que Mae West, je ressentis la démangeaison d'asticoter le duo. Parfois, mon univers ne me semble qu'une suite d'affrontements avec d'immenses costauds qui gardent des secrets et des portes. Chaque fois que j'en rencontre un, je sais qu'il me faut découvrir ce qui se trouve derrière cette porte, ou périr en essayant. Merde, je n'ai rien à perdre que la vie.

— J'ai été charmé par votre conversation, cher Bibi et cher Lolo, dis-je en m'avançant entre les deux, mais j'ai affaire avec la dame de la maison.

Le brun tendit un bras pour me bloquer, et moi, je tendis la main pour le pousser. Mais je ne poussai rien. En fait, je faillis tomber.

— Maintenant, je n'ai plus qu'à trouver l'interrupteur pour vous éteindre, les gars, souris-je de mon sourire le plus inquiétant, qui n'eut pas l'air de les affecter beaucoup. Ta sœur bouffe des asticots, essayai-je.

Pas de réponse.

— Qu'est-ce qu'il faut donc pour vous faire bander, les gars ?

— Quelque chose que vous n'avez pas ! lança une voix grave de la porte.

Et Mae West parut, mais il me fallut une fraction de seconde pour la reconnaître. Sa voix fut le meilleur critère. La femme qui se dressait devant moi, vêtue d'une robe froufroutante rouge, avait des cheveux châtains — et non blonds — lui tombant jusqu'aux épaules, et elle était à peine plus que potelée. Les mains sur les hanches, elle émettait de lourds effluves d'un parfum à base d'une fleur que je n'arrivai pas à situer, et elle me regardait de ses grands yeux violets, l'air amusé.

— Bienvenue au Paradis, dit-elle en reculant d'un pas. C'est un peu surchargé et voyant, mais pour nous, c'est la maison.

Je la suivis à l'intérieur, Bibi et Lolo sur les talons. Un singe traversa le hall, et Mae West hocha la tête. Le géant blond se lança à la poursuite du singe qui disparut dans le fond de la baraque.

— Vous coupez la langue à tous vos domestiques ? demandai-je avec un sourire en entrant dans le séjour.

— Ils ont toujours leur langue, dit-elle en s'asseyant avec grâce dans un fauteuil blanc. Mais ils la réservent pour les choses sérieuses.

On s'évalua mutuellement pendant quelques secondes, et je regardai autour de moi, attendant la prochaine joute verbale, que j'étais maintenant sûr de perdre. La pièce était blanc et or. Le tapis, les rideaux, et même le piano étaient blancs. Les meubles Louis-quelque-chose étaient or. Elle s'était assise près d'un tableau — un nu allongé. Lequel nu représentait une Mae West quelque peu plus jeune et plus mince. Maintenant, la version étoffée était à demi allongée, dans la même attitude, et souriait. Bibi et Lolo avaient disparu.

— Je ne tiendrai pas le coup longtemps à ce niveau, dis-je. Je suis habitué à une vie calme et tranquille, avec balles, raclées et assassinats. Je suis venu ici pour vous aider, pas pour perdre une joute verbale. Je sais reconnaître quand je suis surclassé.

Elle éclata de rire, d'un rire de gorge, et secoua la tête.

— Désolée, dit-elle. Je joue Mae West depuis si longtemps que je ne sais jamais quand m'arrêter. Vous prendrez quelque chose ?

— Un Pepsi, si vous en avez.

Quelques minutes plus tard, le géant blond reparut avec deux verres sur un plateau. Je pris celui qui me parut être le Pepsi. Elle prit l'autre, rempli d'un jus brun sans bulles.

— C'est du sang, m'expliqua-t-elle. Steak pressé. Beaucoup d'énergie, peu de calories. A la vôtre.

Elle avala la moitié de son verre puis me raconta l'affaire. A peu près la même chose que Phil. Le manuscrit avait disparu. Il avait été volé quelques jours plus tôt, non à son ranch, mais à son appartement du *Ravenswood Hotel*, près de la Paramount.

— C'est un cinglé, dit-elle en sirotant son jus de steak. Et je m'y connais, en fait de cinglés, si vous voyez ce que je veux dire.

Je compris ce qu'elle voulait dire quand elle ajouta que son manuscrit contenait assez de souvenirs insolites pour provoquer pas mal de scandales.

— Ce n'était qu'un premier jet, m'expliqua-t-elle. Je voulais couper, changer des noms pour protéger les coupables, quoique tous mes faits soient irréfutables, puis approcher quelques éditeurs. Maintenant, je veux le récupérer, c'est tout. Mais je crois que notre ami le monte-en-l'air ne s'intéresse pas qu'à l'argent.

— A quoi, alors ? dis-je, en finissant mon Pepsi.

— Même en ces circonstances, j'aimerais pouvoir m'abuser moi-même en pensant que je suis l'objet de ses vœux, dit-elle. Mais j'ai bien peur que ses intentions soient strictement honorables. Je connais les hommes, et je flaire quelque chose de destructeur dans son esprit, ou ce qu'il en reste.

Elle avait déjà préparé la scène pour le soir même, et convoqué le voleur avec le manuscrit. De son côté, elle aurait préparé une enveloppe contenant cinq bâtons.

L'isolement de sa maison, pensait-elle, en faisait le lieu idéal pour l'arrêter sans problèmes.

— Il viendra seul ?

— Pas exactement, dit-elle en riant. J'ai invité aussi quelques-uns de mes meilleurs amis. Je donne une petite soirée Mae West. Entrée libre si vous vous faites ma tête.

Son sourire était large, plein de dents éclatantes que Shelly Minck n'eût pas manqué d'admirer.

— A une condition, ajouta-t-elle. Seuls les hommes seront admis.

— Ainsi, la maison sera pleine d'hommes habillés en Mae West, et je suis censé découvrir le voleur et l'arrêter ?

— Vous m'avez comprise, dit-elle en reposant son verre où ne restait plus qu'une auréole brune de jus de steak, au fond.

— Vous en donnez souvent, des soirées comme ça ?

— Depuis que j'habite ce désert. J'aime les hommes de toutes formes, tailles et croyances. En 29, j'ai même écrit une pièce intitulée *La Drague*. Plateau de quarante travelos. Ça a eu pas mal de succès, mais aucun théâtre de New York n'en a voulu.

— Dommage, compatis-je. Et pour ce soir, autre chose ?

— Non. Simplement, soyez prêt à... tout.

J'aurais juré que ses yeux s'attardaient sur ma braguette.

— Maintenant, si vous voulez bien m'excuser, je vais faire ma gymnastique. Rollo vous montrera votre chambre. Vous pourrez écouter la radio, dormir, prendre un bain et vous regarder dans la glace jusqu'au déjeuner. Une dernière question...

— Trente tickets par jour plus les frais, dis-je. Mais cette affaire est aux frais de la maison.

— Va pour trente tickets, dit-elle. Et je n'accepte rien

aux frais de la maison. La maison paye toujours recta. De plus, ce n'était pas la question.

— Désolé, dis-je, me levant avec elle.

Elle vint se planter devant moi et me regarda, droit dans les yeux.

— Comment va Phil ?

— C'est un flic, avec une femme, des gosses, des tas de factures et un gros bâton.

— Le gros bâton, je connais, dit-elle.

— Il s'en sert pour assommer les gens, dis-je. Comme Teddy Roosevelt.

Elle haussa les épaules et sortit d'un pas nonchalant. Dès sa sortie, la température baissa brusquement, et le singe rappliqua en vitesse, toute petite chose qui montra les dents quand je tendis le bras pour l'attraper. Je me ravisai, et le gros Rollo entra lourdement pour lui mettre la main dessus.

Je passai le reste de la journée à inspecter les lieux, donner un coup de fil important, et écouter Bibi et Lolo galoper après le singe. Je feuilletai un bouquin sur le yoga, un sur la vie après la mort, et un autre sur Sigmund Freud.

En début de soirée, les invités commencèrent à arriver. Je resserrai ma cravate, enfilai mon veston et sortis voir ce qui se passait. Pour les premières Mae West, l'imitation allait de passable à assez bien. La vraie était super, en perruque blonde, robe collante et chapeau jaune à large bord décoré d'une plume blanche.

Mon invité personnel arriva après la première vague, et je le plaçai là où il attirerait le moins l'attention et serait le plus utile en cas de besoin.

A neuf heures, tout était plein de Mae West, et Bibi et Lolo s'activaient à servir canapés et rafraîchissements. Tous les invités qui ne les connaissaient pas encore furent informés des règles : interdit de fumer, interdit de peloter.

Peu avant dix heures, je me frayai un chemin jusqu'à la vraie Mae West qui parlait des triomphes de la Grande Catherine devant une cour admirative.

— Je suis née pour ce rôle, c'est moi qui vous le dis, les gars, dit-elle à ses admirateurs dont aucun n'aurait pu passer pour un « gars ».

Ils acquiescèrent tandis qu'elle s'excusait et se retirait avec moi dans un coin.

— Eh bien ? chuchotai-je.

— Rien pour le moment, soupira-t-elle. J'ai l'enveloppe dans mon corsage, et peut-être autre chose aussi.

Elle haussa les sourcils d'un air suggestif.

— Vous ne pensez qu'à ça ?

— Pas en public, dit-elle en tendant la main pour toucher ce qui me reste de nez. Rappelez-moi de vous demander un de ces jours où vous avez trouvé ce pif.

Elle s'éloigna nonchalamment au bras d'une grande Mae West maigre qui avait du mal à marcher sur ses talons hauts.

Le contact s'établit juste avant minuit, et je faillis le rater. Richard Hom, le comique chinois qui voulait se faire découvrir par Mae West, me parlait de la résistance que les Chinois opposaient aux Japonais, quelque part en Mandchourie. C'était difficile de le prendre au sérieux dans ce costume, mais il était sérieux. Sérieux aussi le signe que me fit Mae West à travers la pièce. Je le plantai là et me frayai un chemin au milieu d'une mer de corsets.

— J'ai le livre, me chuchota-t-elle en le montrant. Il a l'argent. Il a dit qu'il n'en avait pas terminé avec moi. Sorti par la porte de derrière.

— A quoi il ressemble ? demandai-je, impatient de passer à l'action.

— A moi, dit-elle. Un peu trop maquillé, l'imitation de la voix n'est pas au point. Robe à frou-frou, or et...

Je marchais déjà vers la porte. Je voyais qui c'était.

J'avais repéré le gars un peu plus tôt. Il m'avait semblé bizarre, avec ses yeux bleus nerveux et son réticule en perles blanches, assez grand pour contenir un manuscrit ou un paquet de cinq mille tickets. Mais comme tout le monde avait l'air bizarre, je n'avais pas donné suite. Maintenant, je le poursuivais.

Je dansotai autour d'une petite Mae West qui disait : « Je ferais bien un Gene Autry si le cachet me convenait », et je descendis le hall en courant.

Personne dans les pièces du fond. Je traversai la cuisine où Bibi et Lolo s'affairaient à préparer des canapés. Le singe était dans une cage posée sur la table et bavardait avec ses gardiens.

— Quelqu'un vient de passer ? dis-je.

Le blond opina de la tête et le singe montra les dents. Je sortis. Une petite pluie fine s'était mise à tomber, je ne pouvais donc attendre ni lumière ni aide du ciel. La lumière de la cuisine ne portait pas très loin, mais des froissements de feuilles à travers des buissons proches me donnèrent une idée passable de la direction où il fallait chercher. Je plongeai bravement, en écoutant les craquements sinistres de mon complet neuf qui se déchirait aux branches. Mon gibier m'entendit et fila. Je suivis le son en me remémorant la disposition des lieux. Il se dirigeait vers la piscine, au fond du parc. Je sautai pardessus les buissons, tombai de tout mon long, me relevai et partis au pas de course pour l'intercepter.

Le temps d'arriver à la piscine, il pleuvait à verse et les lourdes gouttes rebondissaient sur le carrelage des bords. Deux projecteurs éclairaient le fond clair du bassin, aussi me dissimulai-je derrière une table et des chaises en bambou, car le bruit qui provenait des buissons s'amplifiait. J'entendis quelqu'un haleter, et, je le jure, fredonner *Trois souris aveugles*.

Quand la silhouette avança sur l'aire découverte au bout de la piscine, je passai à l'action.

— Pas un geste, dis-je en montrant mon .38 automatique.

Le personnage ne fit pas un geste : il était trempé comme une soupe et coiffé d'un chapeau aux bords dégoulinants. Même sans lumière, je voyais qu'il souriait, ce qui me fit frissonner, alors que la pluie n'y était pas arrivée. Qu'est-ce qu'il avait à sourire, nom de Dieu ? Il venait de se faire pincer.

— Avancez un peu, très lentement.

Pendant qu'il avançait, je contournai la piscine en essuyant la pluie qui me brouillait la vue ; son maquillage coulait et j'avais l'impression de regarder un film d'horreur. La face du monstre fondait, mais le monstre souriait.

— Maintenant, dis-je avec douceur, lâchez votre sac et avancez mains en l'air.

Il avança ; nous étions à environ trois mètres l'un de l'autre, au bord de la piscine, quand il siffla et lâcha son sac.

— Si je comprends bien, dit-il d'une voix aiguë en une mauvaise imitation de Mae West, on n'est pas copains.

— Vous avez le sens de l'humour, rétorquai-je avec un grand sourire. Ça me plaît, chez un dingue qui a le couteau sur la gorge. Bon, nous allons rentrer à la maison, très lentement.

Il ne bougea pas.

— Qui êtes-vous ? demanda-t-il en me lorgnant à travers son mascara qui coulait.

Il était passé à une mauvaise imitation de W. C. Fields.

— Peters, dis-je. Détective privé. Et vous ?

Maintenant, il tombait des cordes et on s'entendait mal. Pas de réponse. Je frissonnai et hurlai :

— Exécution !

Il ne bougea pas.

— Vous voulez que je vous flingue en travelo ? gueulai-je. Avancez. Ça, c'est un pistolet, qui tire des vraies balles et perce des trous dans la viande.

Il ne bougea pas. Je tirai deux fois, bien au-dessus de sa tête. Il ne bougeait toujours pas. Il m'avait eu. De deux choses l'une : il fallait lui tirer dessus ou trouver un autre moyen de le ramener à la maison. Il me tourna le dos et se baissa pour ramasser son sac.

Je remis mon pistolet dans son holster, je bondis dessus et glissai, parvenant tout juste à lui attraper la cheville avant qu'il mette la main sur le sac. Il perdit l'équilibre, tomba sur le dos et me fila un coup de pied. Le talon haut me percuta la tête, et sa voix — imitation Gary Grant, cette fois — dit :

— Ça suffira pour ce soir, monsieur Peters.

Nouveau coup de savate, mais je tins bon et je ne lâchai pas quand il essaya de s'échapper en se traînant par terre sur les fesses.

— Je vous arrête, dis-je en encaissant un nouveau coup de talon dans le cou.

— Décidément, on n'est pas copains, dit-il, toujours avec la voix de Gary Grant.

Il recula, mais je lui décochai une pêche qui l'atteignit aux genoux, endommageant mes articulations aussi bien que sa rotule. On grogna de concert.

Je crus que je l'avais. Me relevant, je tendis le bras pour l'attraper par le poignet, mais, arquant le dos, il se remit à jouer du talon. Il me manqua, mais en reculant, je glissai et tombai dans la piscine. Quand je remontai à la surface, lui, ou elle, était en position ; il me refila un coup de tatane qui m'atteignit au-dessus de l'oreille. Je replongeai, rassemblant mes forces pour traverser le bassin. J'y parvins en un millier de brasses environ, avec la pluie qui faisait de son mieux pour que je coule. Et mon complet de laine trempé n'arrangeait pas les choses.

Comme je touchais le bord, quelque chose me piqua

la main. Il avait contourné le bassin et me martelait joyeusement la pogne de sa chaussure.

Sans compter ma figure, ma santé et ma réputation. Ma vie ne valait plus cher. Je lâchai prise, et, d'un coup de pied, je me propulsai dans le bassin. A travers l'eau, je voyais la silhouette dégoulinante, tapant de sa semelle dans sa main, qui m'attendait à mon prochain essai. A moitié noyé, je me laissai porter de l'autre côté, sachant qu'il m'y attendrait, mais je n'avais pas le choix. Je parvins à me débarrasser de mes chaussures et de mon pistolet, ce qui me donna un peu d'espoir d'atteindre l'autre rive.

J'avais toujours désiré quitter la scène d'une balle, d'une raclée, ou, au pire, d'une chute du haut d'un immeuble moyen. Mais cette mauvaise blague semblait faite sur mesure pour moi. J'attendis le coup, mais il ne vint jamais.

A la place, je me sentis soulevé hors de l'eau. Ou bien j'étais mort en croyant traverser la piscine, ou bien la seule personne au monde capable de soulever un poids mort de soixante-quinze kilos habillé de la tête aux pieds venait de se pointer.

— Toby, tu n'es pas mort ? dit la voix de Jeremy Butler à mon oreille.

J'avais posté l'ex-lutteur, présentement poète, à la grille d'entrée, pour empêcher mon voleur de s'éclipser, mais quelque chose l'avait rappelé à mon secours.

— Vivant, haletai-je.

J'ouvris les yeux et regardai son visage buriné, et les grosses gouttes qui tambourinaient sur sa calvitie.

— Le sac. Le fric.

— Je les ai, dit-il.

Je regardai de l'autre côté de la piscine. Le voleur qui avait tenté de me tuer était toujours là.

— Je fais partie des « Pouces de l'Ingénieur ! » gueula-t-il.

D'accord, pensai-je. Tu es un pouce d'ingénieur, avec quelques écrous dévissés dans la locomotive.

— Attrape-le, dis-je.

Jeremy me recoucha avec douceur, me tendit le sac et s'élança vers l'autre bout du bassin. Je me détendis et regardai, en essayant de retrouver mon souffle. Au moment où il arriva au coin, la voix de Lionel Barrymore m'avertit :

— Maintenant, vous êtes sur ma liste, Peters. Sur ma liste.

Il disparut sous les arbres avant que Jeremy ait pu le rattraper, mais celui-ci le suivit dans l'obscurité. Moi, je restai à me reposer sous la pluie.

Vers la grille, j'entendis un moteur démarrer. Je serrai le sac sur mon cœur et tournai la tête. Une demi-douzaine de Mae West dégoulinantes marchaient vers moi. Le voleur, pensai-je, s'était multiplié et revenait m'achever. Puis je vis Jeremy se détacher du sextette.

— Il s'est échappé, dit-il.

— J'ai comme l'impression qu'il vaut mieux que je le retrouve, sinon c'est lui qui me retrouvera, haletai-je.

Puis je tombai dans les pommes, sans lâcher le sac que je serrais sur mon cœur.

La réception était terminée quand je me réveillai. La nuit était terminée aussi, et le soleil brillait dans la chambre où Jeremy m'avait couché, chez Mae West. Lui, assis dans un coin, lisait. Je portais un pyjama de soie violette, une douzaine de tailles trop grand. Sans doute à Bibi ou à Lolo.

— Jeremy.

Il posa son livre et s'approcha du lit. Il portait toujours le pantalon et le pull noirs de la veille.

— Le docteur t'a examiné hier soir, dit-il. Il faisait partie des invités. Il a dit que tu n'avais sans doute rien de cassé, mais qu'il valait quand même mieux faire des radios aujourd'hui. Je te conduirai.

— Pas de radios, dis-je en m'asseyant avec le même mal au crâne qu'avec une gueule de bois. J'ai peur de ce qu'ils découvriraient sur mon passé. Et en plus, j'ai déjà eu assez de radios pour me durer jusqu'à la fin de mes jours. C'est malsain, les radiations.

— La flèche qui tue vient souvent de notre propre carquois, déclara Jeremy.

— Qu'est-ce que ça veut dire ? demandai-je en m'appuyant sur son bras pour me lever.

— Proverbe africain, dit-il en me soutenant. J'étudie la poésie africaine, ces temps-ci. Quand la guerre sera finie, je crois qu'on publiera beaucoup de poésies africaines.

— Mon froc, dis-je.

Il me le passa, déchiré, à peine bon à dissimuler partiellement ma nudité jusqu'à la maison. Le veston était fripé et informe.

— Les chaussures sont encore un peu mouillées, dit-il. Le pistolet est dans ta boîte à gants. Je l'ai récupéré dans la piscine, et je l'ai nettoyé et graissé.

J'enlevai mon pyjama, mais je n'avais pas commencé à m'habiller quand Mae West entra en déshabillé de soie violette à grosses fleurs blanches. A la vue d'un privé nu comme un ver, elle n'eut pas un mouvement de recul, elle ne détourna même pas la tête.

— Vous avez servi de punching-ball à la terre entière ! s'émerveilla-t-elle. Je n'ai jamais vu un corps pareil.

— Je l'ai légué à l'hôpital Walter Reed pour leurs recherches sur les mauvais traitements.

— Je parie que chacune de ces cicatrices a son histoire, dit-elle, croisant les bras et s'appuyant au chambranle. Je vois que vous n'êtes pas gymnophile.

Trop crevé pour être pudique, je renonçai à l'idée de

localiser mon caleçon et enfilai ce qui restait de mon pantalon.

— La moitié sont des cadeaux de Phil, grognai-je en enfilant ma chemise et mon veston froissé. Le reste, c'est des souvenirs.

— Celles sur le ventre ? dit-elle.

— Entrée d'un côté, sortie de l'autre. L'une me vient d'une femme dont je tairai le nom, l'autre d'un flic marron de Chicago dont j'aime mieux ne pas parler.

Je m'affalai contre le lit, et Jeremy me saisit le bras pour m'empêcher de tomber. Mae West s'avança pour prêter son aide.

— Je tiens à vous offrir mes plus vifs remerciements, dit-elle, plus tout ce que vous voulez qu'on vous offre.

— Intéressant, dis-je, la respiration courte. Que diriez-vous de trente tickets pour ma peine et un costard neuf à vingt-deux cinquante ?

— Accordé, dit-elle avec un clin d'œil.

— Non, dis-je en essayant de me redresser et en découvrant que j'y parvenais. Pas avant que je coffre ce cinglé. Il a parlé d'une liste. Vous avez une idée de ce que ça veut dire ?

— Pas la moindre, dit-elle en laissant son déshabillé s'entrouvrir légèrement.

— Il a dit qu'il faisait partie des « Pouces de l'Ingénieur », repris-je.

Mae West et Jeremy parurent perplexes.

— De toute façon, j'ai idée que c'est lui qui va nous trouver.

Je fis quelques pas et m'aperçus que la marche m'était possible.

— Je vais rentrer à Los Angeles avec Jeremy. Pouvez-vous me faire ramener ma voiture ?

— Un de mes gars s'en chargera, dit-elle.

— Merci.

— Je vous en prie. Repassez quand vous voudrez.

Je la regardai du seuil.

— Vous vous servez vraiment de cette réplique, dans la vie ?

— J'ai pensé que ça vous donnerait quelque chose à raconter aux amis, fit-elle en riant.

— Je vous tiens au courant, dis-je.

On traversa la maison, en direction des caquètements lointains du singe.

Je me rappelai de dire à Jeremy de prendre mes provisions dans mon coffre, ce qui prouvait que mon cerveau n'était pas déconnecté. Je somnolai tout le long du chemin, jusqu'à Hollywood, où Jeremy me conduisit à ma chambre, sur Helliotrope, sans rencontrer ma propriétaire, Mme Plaut. Il me déposa doucement sur le matelas installé par terre pour mieux soutenir mon dos en capilotade depuis qu'un grand Noir m'avait écrasé dans ses bras, manifestant ainsi son déplaisir de ne pas pouvoir approcher Mickey Rooney à une première.

Je remerciai Jeremy, le convainquis de me laisser seul et regardai autour de moi pour me persuader que j'étais bien chez moi et que j'étais vivant. Le canapé à napperons de Mme Plaut était à sa place, et je voyais la table avec ses trois chaises, la plaque chauffante, l'évier, le petit réfrigérateur, le tapis, la couverture violette avec l'inscription *Dieu nous bénisse tous* brodée en rose, et la pendule que j'avais reçue en paiement pour avoir retrouvé sa grand-mère fugueuse à un prêteur sur gages.

Les autres pensionnaires étaient sans doute partis à leur travail. En me réveillant, j'entendis des petits pas discrets devant ma porte. Elle ne fermait pas à clé, Mme Plaut n'aimant pas ça.

— Toby ? prononça une petite voix haut perchée avec un accent caractéristique.

— Entrez, Gunther, dis-je, sans essayer de m'asseoir.

Gunther entra. Il dépasse tout juste les quatre-vingt-dix centimètres, il est suisse et parle une douzaine de langues. Toujours tiré à quatre épingles, Gunther passe son temps assis sur une chaise, à traduire en anglais des livres étrangers pour des clients qui vont du gouvernement aux éditeurs.

— Vous êtes encore blessé, remarqua-t-il, debout à côté de moi.

— Je suis blessé, Gunther, opinai-je. Battu dans une piscine par un mec déguisé en Mae West.

— Je vois, dit-il.

Gunther n'a pas le sens de l'humour. Nos meilleures conversations, nous les avons quand j'essaie de lui expliquer l'humour d'un texte qu'il traduit.

— Je vais faire du café.

Pendant qu'il s'affairait à ranger mes provisions et à préparer le café, je fis jouer mes muscles. Il sortit la boîte de céréales, un bol et un fond de lait. J'adore les céréales. Je tiens ça de mon vieux qui se levait au milieu de la nuit pour en manger. La dernière fois qu'on s'était vus, avant sa mort survenue en 1932, on avait bavardé en mangeant un bol de Little Colonels. On avait parlé des grands supermarchés qui avaient ruiné sa petite épicerie de Glendale. On avait parlé de mon frère, et des raisons pour lesquelles je n'étais pas devenu avocat.

— Prêt, annonça Gunther.

Je me levai lentement et m'approchai de ma petite table, vêtu d'un slip en tout et pour tout. Gunther parvint passablement à dissimuler sa désapprobation, mais pas tout à fait. Je fis jouer mes jambes, allai jusqu'au placard, enfilai une chemise blanche dont les poignets n'étaient que légèrement élimés, et m'introduisis avec effort dans un pantalon de coton.

— Gunther, dis-je en revenant vers la table où je mis trois grosses cuillerées de sucre sur mes céréales, le fou d'hier soir ne savait pas ce qu'il disait, ou alors il m'a donné un indice. Il a dit quelque chose.

— Quelque chose, répéta-t-il.

— Il a dit qu'il était un « Pouce de l'Ingénieur ».

— Oui, dit Gunther imperturbable, en posant sa tasse.

— Oui, quoi ? demandai-je en versant du lait sur mes céréales et en remuant avec une cuillère.

Le lait menaçait de tourner.

— J'ai traduit une nouvelle intitulée ainsi, dit-il. En polonais. C'est une histoire de Sherlock Holmes.

— Parfait. Alors, comment quelqu'un peut-il être un pouce d'ingénieur ?

Il porta son index à sa lèvre et réfléchit gravement à la question, tandis que je finissais céréales et café et que je me remettais une tournée des deux.

— Il me faut faire une petite enquête pour répondre à cette question, dit-il en tamponnant sa bouche parfaitement propre avec sa serviette en papier.

Il s'excusa avec dignité, précisant qu'il reviendrait sous peu faire la vaisselle.

Je fis la vaisselle en son absence, tout en sachant qu'il préférait s'en charger lui-même.

Le temps que je me traîne à la salle de bains commune au bout du couloir, que je me fasse couler un bain, ce qui prend toujours un bon quart d'heure, que je me lave et que je rentre dans ma chambre, Gunther était revenu. Il refaisait la vaisselle.

— Ah, Toby, dit-il en fermant le robinet et en se tournant vers moi, j'ai la solution de votre mystère. Les Pouces de l'Ingénieur, c'est un groupe d'admirateurs de Sherlock Holmes qui se réunit tous les mois à l'hôtel *Natick*. Le président actuel est un certain Lachtman, inspecteur d'assurances pour la First Federal of California. J'ai appris cela d'un éditeur qui était membre de ce groupe.

On parla environ une heure de la situation mondiale, puis Gunther s'excusa et retourna travailler. Je mis le cap sur le téléphone du couloir avec toute la monnaie que je pus trouver, pour essayer de localiser Lachtman, et peut-être me rapprocher quelque peu du dingue qui avait tenté de me tuer et qui m'avait inscrit sur sa liste.

CHAPITRE II

D'après le badge épinglé à l'envers sur son veston de tweed, il s'appelait Alvin Aardvark. Il mesurait environ un mètre quatre-vingts, pesait un petit peu trop lourd, et avait des cheveux roux délavés assez clairsemés et un sourire plein de dents qui n'en finissaient pas.

— Je m'appelle Randisi, Lou Randisi, dit-il en me secouant la main. Ceci, c'est une plaisanterie.

Il baissa les yeux sur son badge et son sourire s'élargit d'un bon pouce.

— Très drôle, dis-je.

Il haussa les épaules et regarda autour de lui, sans doute à la recherche d'un abat-jour à se planter sur la tête ou d'un palmier en pot à vider sur notre hôte.

— Vous êtes détective privé, me dit-il.

— Exact, dis-je, en m'envoyant une rasade de Pepsi, comme s'il s'agissait d'une brillante déduction.

Aardvark était enchanté d'avoir à me présenter, mais pour ce faire, il avait besoin de quelques renseignements. Comme j'étais moi-même en quête de renseignements, je me dis que c'était régulier.

Il y avait une douzaine de personnes dans la petite salle à manger réservée à l'hôtel *Natick*, dans le centre de Los Angeles, à cinq blocs de mon bureau qui se trouvait au coin d'Hoover et de la Neuvième Rue.

Le *Natick* était autrefois l'hôtel le plus élégant de la ville. La marquise fatiguée, au-dessus de l'entrée de la Première Rue, les harmonieuses fenêtres cintrées et les pilastres surmontés de globes lumineux à la base de l'escalier en chêne attestaient encore de l'élégance victorienne. La cage de l'ascenseur, en fer forgé, s'élevait au centre du vaste hall.

Devant l'hôtel passait Main Street, qui même au temps des Mexicains s'appelait déjà Calle Principal, et qui, deux kilomètres plus loin, rejoignait la Sixième Avenue. Elle était maintenant bordée de bars, de beuglants, de coiffeurs pour hommes, d'officines de tatouage, de camelots, de prêteurs sur gages, d'hôtels borgnes et de cinémas ouverts toute la nuit servant de dortoirs à des auditoires de clochards : indifférents au son, ils dormaient à longueur de films.

Le délabrement de la plupart des immeubles était souligné par la recherche de leur ornementation victorienne en décomposition. La situation s'améliorait, la guerre amenait de l'argent qui à son tour se muait en réparations, mais on pouvait toujours compter trouver des lithographies jaunies de la dernière charge de Custer sur les murs couverts de chiures de mouches.

C'était la réunion mensuelle des « Pouces de l'Ingénieur », admirateurs de Sherlock Holmes, et j'étais le conférencier invité, le détective en chair et en os. La plupart des douze membres présents étaient des femmes ayant dépassé mon âge respectable de quarante-cinq ans. Il y avait quelques hommes. Tous, hommes et femmes, me considérèrent avec circonspection, et personne ne s'approcha pour me parler. Je surveillais la porte chaque fois qu'un nouveau membre arrivait, pour ne pas rater mon cinglé. Difficile tout en écoutant Alvin Aardvark, qui s'envoyait un Dewar et pétillait d'enthousiasme.

— Avez-vous toujours été détective privé ? me demanda-t-il, écartant son verre de son corps pour, de l'autre main, fouiller dans une poche, en quête, peut-être, d'un crayon et de papier, qu'il ne trouva jamais.

— Je ne suis pas, comme le Dalaï Lama, né dans ma profession, répondis-je poliment. J'ai d'abord été un enfant, petit puis plus grand, puis j'ai été quelques années flic à Glendale, suivies de quelques années de pauvreté et de créanciers. Je me suis dit qu'il était temps de me fixer.

Aardvark avala une autre rasade de scotch, perdit un glaçon et le regarda glisser vers un coin de la salle sous les pieds d'une dame en tailleur noir, stupéfaite.

— Je suis professeur, dit-il en cherchant son glaçon du regard.

Je le cherchai aussi. On pourrait peut-être passer un joyeux moment à le regarder fondre.

— Professeur, répétai-je, ramenant mon regard sur la porte que franchissait un petit chauve ressemblant à Donald Meek, accompagné d'une brune séduisante à l'air autoritaire.

L'homme portait un sac en papier du grand magasin May.

— Trop vieux pour l'armée, disait Aardvark, en asséchant son verre et en me touchant le bras en souriant de toutes ses dents. Mais je m'engagerais comme ça s'ils voulaient bien de moi.

« Comme ça », c'était un claquement de doigts raté.

— Pas moi, dis-je, en regardant Donald Meek en proie aux affres de l'agonie pour savoir où poser son sac, jusqu'à ce que sa compagne le dirige fermement vers la table du dîner.

— Moi non plus, opina Aardvark. J'ai menti. Je mens souvent. C'est plus fort que moi, ça sort tout seul.

— Il faut s'exercer, lui conseillai-je en regardant entrer deux autres vieilles dames. Il faut beaucoup d'exercice pour devenir un bon menteur. C'est peut-être la chose la plus importante que puisse apprendre un détective.

— J'ai eu un moment l'intention de devenir écrivain, gloussa Aardvark.

Je ne vis pas ce que ça avait de drôle. Il commença à dire quelque chose, mais sa phrase se perdit dans le brouhaha soudain de la pièce voisine. Quand le silence revint, Aardvark reprit, en montrant la pièce du menton :

— Truc politique. Des tas de types en chapeau de paille avec des images d'ânes et d'éléphants. On est en guerre, et ils pensent encore à la politique.

Il branla du chef. Je l'imitai, en mastiquant un glaçon.

— Puis-je vous proposer une boisson civilisée ? demanda-t-il en considérant son verre vide.

— Un autre Pepsi me suffira, dis-je. C'est plein de calories, selon la publicité. Cent quatre-vingt-cinq calories d'énergie pure. Plus qu'une côtelette d'agneau.

Aardvark considéra mon visage ravagé, essayant de décider si je blaguais ou non.

Des gens bien plus futés qu'Aardvark avaient souvent essayé de déchiffrer ma tronche, sans succès. J'ai un nez écrasé dans un visage basané couronné d'une tignasse noire généreusement saupoudrée de gris. Je mesure un mètre soixante-quinze et je fais de mon mieux pour donner l'impression que je suis capable de me colleter avec des tigres. Ça fait partie du boulot. La vérité, c'est que je me suis fait casser le nez trois fois, mais sans gloire. Une fois par le poing de mon frère Phil, une autre en m'envolant par le pare-brise d'une Oldsmobile 1931, et la dernière, ce fut une balle de base-ball lancée par mon frère. Je transpire trop facilement, m'habille trop minablement, et généralement je ne résiste pas à l'impulsion de l'ouvrir quand je devrais la fermer.

Je souris à une petite vieille en chapeau noir qui avait regardé dans ma direction. Mon sourire l'effraya, et elle se tourna vers l'autre petite vieille qui l'accompagnait.

Mais je ne restai pas longtemps seul. Donald Meek s'avança timidement et se força à rencontrer mon regard. Par-dessus son épaule, je vis entrer un autre suspect possible, un type trapu d'environ trente-cinq ans, arborant un complet noir, une cape noire, un chapeau blanc à grand bord tombant et une canne. Il leva le menton et regarda tout autour de la pièce. Il me vit, mais ne s'arrêta qu'à peu près le temps qui sépare deux instantanés sur une pellicule, puis continua son inspection. Suspect possible.

— Je m'appelle Howard Lachtman, dit le sosie de Donald Meek, ne sachant pas s'il devait ou non me tendre la main.

Il se décida à la lever légèrement, et je m'en emparai en disant que j'étais enchanté de faire sa connaissance. Je l'avais appelé la veille, je lui avais demandé des renseignements sur son groupe et il m'avait invité à venir faire une conférence.

— Nous n'avons jamais vu un détective en chair et en os, avait-il dit. Nous n'avons pas encore de programme pour la soirée, à part Jeff et Angela Pierce qui doivent montrer leurs diapos d'avant-guerre sur Londres, et Dick Campbell qui fait un rapport sur...

Il n'avait pas terminé sa phrase, incapable de se souvenir sur quoi Campbell devait faire un rapport.

— Mais oui, avais-je acquiescé. Je viendrai avec plaisir.

Et maintenant, Lachtman était devant moi, m'arrivant à l'épaule et manifestement mal à son aise.

— Nous n'avons jamais vu un détective en chair et en os, répéta-t-il.

— Je sais, dis-je, tenant vaillamment ma partie dans cette conversation animée qui menaçait de ressembler à la scène de *To Be or Not to Be*, où Jack Benny, Stanley Ridges et Sig Ruman se renvoient la fameuse réplique :

« Alors, ils m'appellent Erhardt-le-camp-de-concentration. »

— Pourquoi vous appelez-vous les « Pouces de l'Ingénieur » ? demandai-je, quoique m'en tapant dans les grandes largeurs et essayant de ne pas perdre de vue l'homme à la cape qui voletait de groupe en groupe, écoutant les conversations en haussant les sourcils.

— Parce que, dit Lachtman, *Le Pouce de l'ingénieur* est la seule histoire de Sherlock Holmes où le grand détective ne découvre pas le criminel.

Je cherchai du regard Aardvark et un Pepsi frais, mais ne trouvai ni l'un ni l'autre.

— Pourquoi baptiser votre groupe d'après le seul échec de Holmes ? demandai-je en jouant avec mon verre vide.

La question parut plonger Lachtman dans la perplexité, et il résista à un puissant désir de gratter son crâne chauve.

— Je ne sais pas exactement. Ce ne fut pas une idée à moi. Il faut que je demande à ma femme, Margaritte.

L'homme à la cape s'approcha enfin de notre duo, et, ayant entendu la fin de la phrase de Lachtman, il sourit avec malice, posa la main sur l'épaule du petit homme et déclara d'une voix puissante, avec l'accent shakespearien bidon qu'affectionnent les élèves des cours d'art dramatique :

— S'agit-il de l'agent Margaritte qui aide les vieilles dames à traverser la rue ?

Lachtman ne sut quoi répondre. Il eut un sourire pâlot et regarda en direction de la femme avec qui il était entré.

— Je crois que je ferais bien d'aider Margaritte à tout préparer. On va bientôt servir le dîner.

Lachtman se dégagea doucement de la poigne de l'homme à la cape qui laissa son bras se lever majestueusement. Il reporta son regard sur moi, et le pommeau d'argent de sa canne se leva jusqu'à son menton. Il ressemblait à une imitation de John Barrymore.

— Vous êtes le détective.

— C'est ce que dit ma licence, répondis-je.

Il pencha la tête d'un air théâtral, rejeta sa cape en arrière et me dévisagea.

— Vous me donnez le rôle ? demandai-je.

— Vous ne ressemblez pas à un détective, dit-il avec superbe, et assez haut pour être entendu de quelques vieilles proches de nous.

— Je suis déguisé, chuchotai-je. Comme Holmes. En réalité, je suis beaucoup plus grand, bien plus élégant, et j'ai une voix qui fait pâlir de jalousie Harry Marble de Radio Columbia.

— Vous badinez, dit-il.

— Chaque fois que j'en ai l'occasion.

Ce cinglé, si ce n'était pas le mien, c'était celui d'un autre.

— Nous verrons, dit-il en jetant un pan de sa cape sur son épaule et en me tournant le dos. Nous verrons.

C'était une magnifique réplique de fin de deuxième acte pour un mélodrame, mais je ne savais pas exactement s'il pensait à ma capacité de raconter une bonne histoire, ou au fait que j'étais détective.

Des gueulantes parties de chez les politiciens d'à côté nous parvinrent à travers les murs, et le petit Howard Lachtman parut rassembler assez de courage pour rameuter son petit troupeau. Je me dirigeai vers la porte, effrayant une vieille sherlockienne qui pensa que je m'avançais sur elle. Elle retint son souffle en reculant, prouvant par là que je n'avais pas complètement perdu mon charme.

Les toilettes étaient situées derrière deux palmiers en pot assoiffés, et je me retrouvai moi-même debout près d'un mec qui chancelait sur ses jambes, en chapeau de paille surmontant des cheveux blond maïs. Il souriait en secouant la tête tandis que nous urinions côte à côte, acte qui rapproche les hommes dans la pensée philosophique depuis l'époque de Socrate.

— Rallye politique ? demandai-je.

— Représentant de commerce, répondit-il. En plein milieu de la pire guerre de l'histoire. Les Japonais sont aux portes de Mandalay. Le front russe est en péril. Les Japonais visent l'Australie, et on a annoncé aujourd'hui qu'on rappelait les exemptés. Je suis exempté, myope, pied-plat. Alors, mon patron a décidé que ce serait bon pour le moral des représentants de faire un rallye politique bidon.

Il referma solennellement sa braguette, se soutint d'une main contre le mur, redressa son chapeau, et me demanda le nom de mon groupe.

— Les « Pouces de l'Ingénieur », dis-je.

— Ah, des ingénieurs, dit-il.

— Exact, acquiesçai-je, voulant éviter de compliquer un peu plus son univers.

Quand je revins, tout le monde était assis et m'attendait. Nous étions une vingtaine. Lachtman soupira discrètement en me voyant et me désigna de la main la chaise libre à sa gauche. J'approchai nonchalamment sous les yeux attentifs du groupe au grand complet, et j'eus soudain l'impression que je n'avais peut-être pas rezippé ma braguette. Je m'assis près de Lachtman qui me présenta à l'agent Margaritte.

Lachtman se leva, et annonça d'une voix tremblotante qu'on allait servir et que l'orateur de ce soir était un vrai détective du nom de Tony Pastor, que Lou Randisi présenterait plus longuement au dessert. L'homme à la cape, assis en face de moi à l'une des quatre tables rondes couvertes de nappes blanches, leva les yeux au ciel, comme se délectant par avance.

Randisi, alias Alvin Aardvark, assis à ma gauche, assécha son scotch en vitesse.

— Etre professeur, ça ressemble à une promenade au parc MacArthur. C'est agréable de regarder les animaux, mais on ne s'aperçoit pas qu'on marche dans leurs excréments.

Tels furent le début et la fin de sa conversation du repas.

Lachtman, le nez dans son assiette, mangeait. Randisi gardait le museau dans son verre et l'esprit sur ses élèves. On était le vendredi 1er mai 1942. Il avait le week-end devant lui et les grandes vacances pas loin derrière, mais cela n'eut pas l'air de l'égayer le moins du monde pendant le poulet rôti, la salade et le sorbet à l'orange.

Lachtman se leva et s'excusa de l'absence de sucre pour le café. La vente de sucre avait été arrêtée trois jours plus tôt et ne recommencerait que le lundi, avec la distribution des tickets.

— Des tas de choses vont être rationnées, tonitrua l'homme à la cape, avant la fin de la guerre !

Il dévisagea Lachtman d'un œil perçant, comme si la responsabilité du manque de sucre lui incombait, puis il dit :

— Cyril Overton.

Je ne compris pas exactement si c'était son nom, la personne responsable de la pénurie, un marchand de sucre au marché noir à qui nous pouvions tous nous adresser, ou une personne à qui il cédait la parole.

Comme il se rasseyait, Lachtman dit :

— Un trois-quarts a été perdu.

Mme Lachtman se pencha en arrière pour parler par-dessus les frêles épaules de son mari.

— Cela fait partie de notre rituel, m'expliqua-t-elle. N'importe quel membre peut lancer une question prise dans le Canon Holmes et la personne mise au défi doit répondre par le titre de la nouvelle dont s'est inspirée la question.

Elle avait de beaux yeux noisette et des cheveux noirs qui me rappelaient Anne, mon ex-femme, laquelle devait prochainement épouser un cadre supérieur d'une ligne aérienne. Je lui souris. Elle me répondit par un sourire un poil trop officiel et retourna à son café sans sucre.

Je dis quelques mots à Aardvark, mais il se contenta d'émettre en retour un grognement morose, le nez dans son sorbet. Il semblait avoir une tendance certaine à se concentrer sur les objets fondants.

Quand le dîner fut terminé, Lachtman tira quelques notes du sac de la May Company. Dans le sac, j'aperçus aussi un chapeau de chasse à la Sherlock Holmes. Sa main s'attarda dessus, hésita, et se retira. Il regarda sa femme qui ne lui donna aucune indication, ni dans un sens, ni dans l'autre.

— Ténèbres, dit-elle doucement.

— Titre du chapitre quatre de *La Vallée de la peur*, répondit Lachtman, qui n'arriva quand même pas à rassembler assez de courage pour sortir le chapeau et se l'enfoncer sur la tête.

Au cours de l'heure suivante, je le surpris six fois la main dans le sac. Jamais il n'eut le culot de prendre le chapeau et de s'en coiffer. J'avais envie de le faire pour lui, comme quand Ruth, ma belle-sœur, enfonce une casquette d'aviateur sur la tête d'un de mes neveux, Nat ou Dave.

Les préliminaires furent lents et douloureux. Les Pierce avaient de petites photos de Londres, prises en 1937. On se les passa à la ronde, tandis que les Pierce se relayaient pour exposer comment, à leur avis, chacune d'elles représentait le décor d'une scène de Sherlock Holmes.

L'ordre du jour appelait ensuite le mystérieux rapport Campbell. Lachtman donna la parole à Richard Campbell, qui était l'homme à la cape. Campbell se leva en faisant tout un cinéma, rejeta sa cape en arrière, se lissa la moustache et s'avança solennellement vers la table d'honneur, passant devant un serveur à tête de bouledogue qui avait commencé à débarrasser. Campbell lui décocha un regard meurtrier, sans aucun résultat visible, et commença :

— Mon rapport, lança-t-il avec un silence entre les deux mots environ égal à la durée de la bataille de Midway, n'est pas complètement terminé. Mais il le sera bientôt. Je vous en donne ma parole. Bientôt.

Sur quoi, il retourna à sa place, se croisa les bras, attendant qu'un membre ait l'audace de le critiquer.

— Cynthia Brewer, marmonna Aardvark.

Le rictus méprisant disparut du visage de Campbell. Il dardait frénétiquement ses yeux de gauche à droite, comme pour lire tous ses souvenirs de toutes les nouvelles de Conan Doyle, cherchant désespérément à retrouver le nom oublié.

— Défi ! cria-t-il à Aardvark, qui ne leva pas les yeux.

— Il vous a défié, dis-je à Randisi qui contemplait avec mélancolie la coupe vide de son sorbet.

— Quoi ? dit Aardvark, repoussant une mèche rousse qui lui tombait sur le front.

— Il vous a défié au sujet de Cynthia Brewer ! lança une voix, une voix de vieille dame.

La confusion d'Aardvark fut évidente.

— C'est exact, dis-je. Qui est-elle ?

— C'est une élève de mon cours d'histoire, dit-il. Je me demande comment il la connaît. J'étais en train de penser...

— Et maintenant, dit Lachtman-le-docile, Lachtman-le-chauve, se levant à l'instigation de l'agent Margaritte avant d'avoir pu remettre la main dans le sac au chapeau, Lou va vous présenter notre conférencier de ce soir.

Il s'assit, et tous les yeux se fixèrent sur Randisi, qui,

le menton sur la poitrine, était sans doute abîmé dans le souvenir de Cynthia Brewer.

On attendit plusieurs mois avant qu'il bouge, mais il se contenta enfin de porter la main à son badge. Fascinés, on le regarda tous remettre le nom à l'endroit, faire mine de le réépingler à son veston, puis finalement le lâcher sur la table. Je me présentai moi-même.

— Quel rôle, demanda une dame d'âge certain, aux cheveux d'un blond incongru, joue la déduction dans vos enquêtes ?

— Pratiquement aucun, dis-je.

— Alors, comment faites-vous pour aider vos clients, arrêter les criminels et restaurer l'ordre public ? s'enquit Campbell.

— Je suis têtu, dis-je en parcourant l'assemblée du regard, à la recherche de mon suspect. Je suis toute chose pouvant passer pour une piste, et je vais jusqu'au bout. Parfois, je suis dix pistes avant d'arriver quelque part, et parfois, je suis vingt pistes et n'arrive jamais nulle part. Ma force, c'est que je ne renonce jamais.

— La police vous demande-t-elle parfois votre aide pour les affaires difficiles ? demanda une autre femelle.

Question empoisonnée. Elle pensait à Holmes. Et moi, je pensais que ma présence en ces lieux était la conséquence directe de la seule demande d'aide qu'un flic m'eût jamais présentée. Je passai sur cette unique exception et lui énonçai la règle : à savoir que la police pensait que j'étais un emmerdeur, ce que j'étais en effet, et qu'ils arrêtaient beaucoup plus de truands, voleurs et assassins que moi, avec un rendement bien supérieur.

Les questions continuèrent, et je continuai à y donner des réponses, mais pas celles que mes auditeurs auraient voulu entendre. La seule de mes déclarations qui parût leur faire plaisir, ce fut que j'aimais mon boulot.

Quand je me rassis, Lachtman se leva, me remercia, et tout le monde applaudit poliment. Lachtman finit par clore la séance en demandant des suggestions pour la suivante. Une petite vieille, pétillante d'enthousiasme, dit très fort :

— J'ai une idée. Montons une pièce.

Quoique cette phrase n'eût jamais manqué de mettre Mickey Rooney en rogne quand elle émanait de Judy Garland, personne dans le groupe ne réagit.

— Je suggère, lors de notre prochaine réunion, de répondre à un test sherlockien préparé par notre président en exercice, le gagnant étant invité gratuitement au dîner, proposa Campbell.

— Ou la gagnante, protesta une féministe.

— Le ou la, concéda Campbell, se rasseyant avec le rictus supérieur de celui qui s'attend bien à gagner.

— L'idée me paraît bonne, estima Lachtman, cherchant des supporters du regard.

Margaritte tourna la tête. Entre-temps, la tête d'Aardvark s'était dangereusement rapprochée de la flaque de sorbet fondu dans sa coupe. Je le poussai du coude, et il revint à un état semi-éveillé.

— Entendu, dit Lachtman. Je préparerai le test. Ce sera tout pour ce soir. Je suis heureux que vous ayez tous pu...

Campbell était déjà levé, et, nous tournant le dos, il s'adressa à un groupe d'une autre table avant la fin du petit speech de Lachtman.

A l'exception possible de Campbell, qui ne me paraissait pas très satisfaisant comme suspect, personne dans la salle ne ressemblait vraiment à celui qui avait essayé de me refroidir à la soirée de Mae West ; mais on ne sait jamais. Mon agresseur était peut-être une femme, mais certaines raisons me donnaient à penser qu'il n'en était rien.

L'occasion de se coiffer du chapeau sherlockien envolée jusqu'à la prochaine fois, Lachtman se tourna vers moi.

— Je vous remercie d'être venu nous parler ce soir, monsieur Pastor. Nous avons tous beaucoup appris sur les méthodes des vrais détectives.

Ses paroles et les réactions du groupe m'avaient clairement fait comprendre qu'ils se souciaient comme d'une guigne des méthodes des vrais détectives, et qu'une fois de plus j'avais déçu des gens qui attendaient de moi davantage.

Margaritte Lachtman vint se placer à côté de son mari tandis que les autres se dirigeaient vers la porte.

— Charmante soirée, mentis-je. Tous vos membres étaient présents ou bien certains n'ont-ils pas pu venir ?

— Tout le monde était là, dit Lachtman, regardant sa femme pour confirmation.

Elle ne confirma pas.

— Ressner, corrigea-t-elle. Jeffrey Ressner.

— Oui, ah oui, M. Ressner, se souvint Lachtman d'un air qui me rappela le jour où, au cinéma, mon frère m'avait glissé un asticot dans la main à la place du popcorn que je demandais.

— M. Ressner a eu un empêchement ? demandai-je avec un petit sourire.

— Il n'est pas venu depuis des années, mais il m'a appelé hier soir pour me dire qu'il était de retour, dit Lachtman en regardant vers la porte. Il connaît bien le Canon et beaucoup d'autres choses, mais...

— Il a un caractère un peu difficile, ou du moins tel était le cas dans le passé, compléta Margaritte en tendant le sac à Lachtman.

— Il habite peut-être trop loin, tentai-je.

— Il n'habite pas si loin que ça, pas plus loin que d'autres. Quelque part dans la vallée, chez sa fille, dit-il.

Je ne pouvais guère insister davantage. Je devrais être capable de trouver un Jeffrey Ressner dans les annuaires de la vallée. Bien sûr, il pouvait vivre chez une fille mariée, portant un nom différent, mais Lachtman avait sans doute son adresse et rien ne m'empêchait de revenir le voir. Mais pour le moment, ça suffisait.

— J'ai été enchantée de faire votre connaissance, dit Margaritte Lachtman en me tendant la main.

Peut-être le Pepsi m'était-il monté à la tête, de même que sa surabondance de calories, mais j'eus l'impression de tenir la main d'Anne, et je n'eus pas envie de la lâcher. Elle me la retira de force et s'approcha d'Alvin Aardvark qui s'était endormi à la table d'honneur. Quand je partis, maître d'hôtel et serveurs s'affairaient à desservir autour de lui.

Dans la salle voisine, les représentants déguisés en politiciens rigolaient, sans doute des blagues de leur patron. Je ne rigolai pas quand Richard Campbell vint se planter devant moi à mon entrée dans le hall.

— Vous vous intéressez à Ressner, dit-il.

Je haussai les épaules.

— Pas particulièrement.

— Vous avez posé des questions, insista-t-il en pointant le doigt sur moi. Je vous conseille de le laisser où il est. C'est un individu plus dangereux que Mortel et Tonnerre.

— Mortel et Tonnerre ?

— Hier, à la prison de Saint-Quentin, dit-il doucement entre deux éclats de rire venus de la pièce voisine, Robert S. James a été pendu. C'était un coiffeur condamné à mort pour le meurtre de sa femme enceinte, Mary Bush James, afin de toucher les vingt et un mille dollars de l'assurance-vie. Il l'a noyée, après avoir tenté, sans y réussir, de la forcer à mettre les pieds dans une boîte contenant deux serpents à sonnette du nom de Mortel et Tonnerre, et qu'il avait loués à un marchand du coin.

Fait divers digne du maître lui-même.

— Je ne l'oublierai pas, dis-je.

Sur ce, Campbell fit un mouvement destiné, pensai-je,

à donner l'impression qu'il avait disparu dans l'ombre derrière les palmiers en pot. Mais il se heurta au serveur à face de bouledogue et tomba, lâchant sa canne et se raccrochant aux palmiers.

— Con de poivrot, grommela le serveur sans s'arrêter.

Je fis celui qui n'avait pas vu la sortie ratée de Campbell et mis le cap sur la porte et mon chez-moi.

CHAPITRE III

Le lendemain matin, je roulai vers mon bureau, dans l'immeuble Farraday, écoutant Diana Shore qui chantait pour moi *One Dozen Roses*. Je pris Melrose Avenue jusqu'à Vermont et traversai la Neuvième Avenue. Les nouvelles essayèrent de parvenir jusqu'à moi pour me parler du front russe et me rappeler qu'on mobilisait les exemptés mais je ne voulais pas entendre. J'éteignis la radio en tournant dans l'allée donnant sur Hoover Avenue, où je me gare généralement, au milieu des poubelles et des piles de vieux journaux détrempés. Les journaux avaient disparu. Les gosses des écoles faisaient des tournées de ramassage de vieux papiers.

Pas de clochards sommeillant devant la porte de derrière, et dans la pénombre fraîche du Farraday, le monde était (ainsi que je l'avais toujours connu) plein d'odeurs de grésil, d'échos affaiblis, de cliquetis lointains provenant de machines à écrire et de la presse à imprimer des éditions porno du troisième, sans compter les accords d'un piano désaccordé.

Mon dos, qui m'aurait fait classer dans les super-exemptés même si je n'avais pas été trop vieux et trop amoché par trop de coups reçus sur le crâne et deux balles dans le bide, émettait des avertissements. Ça ne lui avait pas fait de bien de mariner sous la pluie et dans une piscine froide. Aussi avançais-je lentement et sans à-coups. Quelque part, dans les profondeurs du bureau — marbre et verre dépoli — rôdait Jeremy Butler, nettoyant et rimant. S'il nous repérait, moi et ma démarche, il insisterait pour me manipuler les vertèbres. Manipulations qui me soulageaient toujours. Mais je ne recherchais que dans les cas de plus extrême urgence la douleur immédiate que m'infligeaient son genou dans le dos et ses bras poilus autour de mon torse.

Tout en montant les marches en marbre bidon qui accédaient à mon bureau du troisième, je ruminais mon plan : traquer Ressner ou l'extorqueur, quel qu'il fût, et le livrer à la police avant qu'il ne s'attaque de nouveau à Mae West, ou à moi pour avoir fait rater son coup. Je n'avais pas tellement aimé la voix qui sortait de derrière son maquillage, et je n'avais pas envie, un beau soir en rentrant chez moi, de me trouver devant Ressner déguisé en Rita Hayworth, avec un pistolet au poing.

Au premier, je fis une pause pour reposer mon dos, et j'entendis des pas dans le hall du rez-de-chaussée, puis la porte de l'ascenseur s'ouvrit. Un nouveau, sans doute. Seuls les nouveaux dans l'immeuble, ou les malades à l'article de la mort, prenaient l'ascenseur, cage de cuivre tarabiscotée qui donnait l'impression de ne pas bouger et que c'était l'immeuble qui s'affaissait lentement autour d'elle. Généralement il calait au premier, et le passager devait ouvrir la porte en force et terminer à pied. Même avec mon dos, j'étais sûr de le battre de vitesse d'ici le troisième, s'il consentait à aller jusque-là, avec encore assez d'avance pour boire une tasse du café bourbeux de Shelly Minck.

Quelque part dans les bureaux du premier, un grognement ébranla le verre d'une porte invisible. Je supputai qu'il provenait des locaux des Serre-Livres de Jésus, entreprise récemment installée au Farraday, et dirigée par deux jumeaux souriants aux cheveux blancs et à l'accent péquenot. Jeremy m'avait dit qu'ils n'avaient dans leur bureau que de lourds cartons et un téléphone, ce qui les plaçait parmi les occupants les plus stables du Farraday.

Toutefois, ma colocataire préférée était Alice Palice, qui, tout au bout du couloir du deuxième, dirigeait Livres Artistiques, entreprise économique consistant en une petite presse d'imprimerie porno pesant cent vingt kilos, c'est-à-dire considérablement moins qu'Alice, laquelle devait fréquemment la charger sur son épaule et décamper au plus vite à la suite d'une plainte. Je crois qu'Alice avait des vues sur Jeremy, la seule créature de tout Los Angeles capable de soulever à la fois Alice et sa presse non portative.

Quand j'arrivai au deuxième, l'ascenseur était toujours loin au-dessous de moi, émettant ses grincements familiers.

Bookmakers, docteurs alcooliques, photographes pour bébés aux verres de lunettes épais comme des loupes et truands divers s'agitaient et criaient dans leurs cages de verre. Je les laissai derrière moi et montai un étage de plus. Dans l'immeuble d'en face, il se passait exactement les mêmes choses. J'imaginai un monde de Farraday multipliés, grouillant de moisissures et d'énergie factice. Combien pouvait-il y avoir d'exemptés dans tout ça, qu'on aurait pu, pieds-plats et myopes, fourrer dans un uniforme et expédier au général MacArthur pour colmater une fuite dans le Pacifique ?

Devant la porte de mon bureau, je m'arrêtai pour lire l'inscription familière, en lettres noires sur le verre dépoli :

SHELDON MINCK
CHIRURGIEN-DENTISTE

En regardant bien, on distinguait encore le mot *Stomatologue* sous une couche de peinture blanche. Shelly l'avait supprimé à regret à la suite d'une visite rien moins qu'amicale du représentant de l'Ordre des dentistes.

Au-dessous, en lettres beaucoup plus petites, on lisait :

Toby Peters
Détective Privé

J'entrai. La petite salle d'attente était telle qu'elle avait toujours été : trois chaises en bois, petite table supportant un cendrier débordant de mégots et des magazines remontant à l'Age du Jazz, avec, au mur, le dessin maison et poussiéreux d'une dent en coupe. Je la traversai et entrai dans le cabinet dentaire où Shelly chantait *Bye Bye Blackbird* en travaillant sur un môme en uniforme. Le môme était assis au garde-à-vous.

— Je suis à vous dans une minute, tonitrua Shelly en agitant un outil ensanglanté dans ma direction approximative.

— C'est moi, dis-je en m'avançant pour regarder le môme, dont les yeux étincelaient de larmes de douleur contenues à grand-peine.

Il avait, d'après moi, dans les dix ans. Presque tous les soldats, marins et marines semblaient avoir dix ans, mais tout allait changer puisqu'on commençait à rappeler les exemptés. Les forces armées ressembleraient bientôt à un congrès d'équipes père-fils, marchant la main dans la main vers la défaite des nazis et des Japonais.

— Toby, dit Shelly en se tournant pour me regarder à travers les verres épais de ses lunettes qui glissaient sans arrêt au bout de son nez.

Il ôta son cigare de sa bouche, ce qui indiquait qu'il avait quelque chose d'important à me dire, essuya son outil sanglant à sa blouse autrefois blanche, et continua :

— Je t'attendais.

— Merci, dis-je en mettant le cap sur la cafetière.

Il restait assez de café pour une tasse. J'inclinai la cafetière au-dessus d'une tasse à peu près propre et attendis. Le sirop d'érable que nous conservons dans le petit placard métallique coulait plus vite.

— Je soigne ce garçon pratiquement pour rien, me dit fièrement Shelly en essuyant de sa manche son crâne chauve couvert de sueur. Mauvaise fracture des prémolaires.

Shelly tendit la main vers la bouche du môme qui se recroquevilla précipitamment, mais il était coincé.

— Il s'est bagarré, tu comprends ? Grande virée nocturne dans la grand-ville.

— Je croyais que l'armée avait son service dentaire, dis-je en essayant de décoller ma cuillère de mon café.

— Bien sûr, bien sûr, acquiesça Shelly en posant une main grassouillette et d'une propreté douteuse sur l'épaule du patient. Mais le deuxième classe Bayer ne veut pas avoir d'ennuis.

Shelly nous fit un clin d'œil complice.

— Et je ne suis que trop heureux d'aider nos petits gars en bleu.

— Il est dans l'armée, pas dans la marine, dis-je en mastiquant une goulée de café.

Je posai la tasse dans l'évier déjà plein d'outils dentaires sanglants et d'une assiette barbouillée de rouge, sans doute le gâteau aux fraises du petit déjeuner de Shelly.

Le môme essaya de déglutir et rendit son sourire à Shelly qui le regardait d'un air paternel.

— Chacun prend son plaisir où il le trouve, dis-je en regardant le môme.

— Naturellement, sourit Shelly, en cherchant quelque chose dans le tas d'instruments posés sur la table.

Le môme écarquilla les yeux ; j'y lus l'ardente prière que l'instrument de Shelly ne fût pas trop tranchant ni trop long. Shelly, ne trouvant pas ce qu'il cherchait, vint de mon côté et regarda dans l'évier. Sous une poêle en inox maculée de traces d'œuf, il trouva ce qu'il lui fallait. C'était tranchant, ou l'avait été autrefois, et cela semblait très long. Le môme grogna. Shelly lava l'instrument à l'eau froide sous le robinet et se pencha vers moi, avec son odeur de cigare refroidi et de bonbons à la menthe.

— Un client, me chuchota-t-il.

— Tu veux dire qu'on m'a appelé ? chuchotai-je en retour.

Le môme se redressa dans le fauteuil, prêtant l'oreille pour nous entendre.

Peut-être que nous discutions de son cas, de sa vie, de son avenir.

— Non, murmura Shelly, se rapprochant encore. Dans ton bureau en ce moment. Complet propre. T'attend depuis près d'une heure. Il était déjà là quand je suis arrivé.

J'ôtai mon chapeau, montrai le poing au môme pour lui donner du cœur au ventre et franchis les trois pas me séparant de mon bureau tandis que Shelly, arme brandie, retournait à son patient.

Les clients ne viennent pratiquement jamais à mon bureau. Je les en décourage. Quand quelqu'un m'appelle, je vais généralement chez lui ou chez elle, ou je lui donne rendez-vous soit au drugstore du coin, soit au comptoir de taco *Manny's*, dans Flower Street, selon sa classe potentielle. Ce mec était un peu difficile à situer. Il leva les yeux des papiers posés sur ses genoux quand je fermai la porte.

— Peters, dis-je.

Il remit ses papiers dans sa serviette, se leva et me tendit la main. Je la pris. Sa poignée de main était ferme et son regard direct.

— Winning. Dr Robert Winning, dit-il.

Winning — environ un mètre soixante-quinze, carrure moyenne — était élégant dans le genre classique avec son complet sombre, sa chemise blanche et sa cravate bleu marine à triangles bleu ciel, assorti au bleu de ses yeux. Il devait avoir dans les cinquante ans. Il avait une tignasse châtain foncé sans un cheveu blanc, et cette peau claire et lisse que confère l'hérédité ou la maladie. Il se rassit, très droit, et me regarda passer derrière mon bureau, déboutonner mon veston bleu avec précaution pour ne pas arracher le dernier bouton qui ne tenait que par un fil, et le regarder.

— Je recherche un homme et je désire que vous m'aidiez à le retrouver, dit Winning, de la voix calme d'un speaker de la radio. Il s'appelle Jeffrey Ressner.

Dans la vie, il y a des coïncidences et il y a la magie. Je crois aux unes et à l'autre, mais seulement quand toutes les autres explications ont été épuisées. Mes yeux durent trahir quelque chose, car Winning sourit.

— Je sais, dit-il. Voici une semaine que j'essaie de localiser Ressner. J'ai contacté certaines de ses anciennes relations, et j'ai appelé ce matin Howard Lachtman, des « Pouces de l'Ingénieur ». Il m'a dit que vous lui aviez aussi posé des questions sur le compte de Ressner et il m'a donné votre adresse. J'ai pensé qu'il valait mieux savoir pourquoi vous le recherchiez et vous demander votre aide dans ce but.

Je jetai un coup d'œil sur mon courrier. Trois trucs. Une carte postale d'un magasin de vêtements de Van Nuys, m'offrant des suggestions pour ma garde-robe de printemps. Une lettre d'aspect officiel venant d'un service gouvernemental. Ça ressemblait aux notices nous informant de nous inscrire pour les cartes de rationnement. Je la jetai dans la corbeille à papier sous mon bureau. Et une enveloppe carrée. Je reconnus l'écriture et aurais bien voulu l'ouvrir, mais j'étais en conférence. Je la pris et je la tripotai en parlant.

— Pourquoi recherchez-vous Ressner ? demandai-je.

Winning sortit quelques papiers de sa serviette, y jeta un coup d'œil et me regarda.

— Je suis psychiatre, dit-il doucement. Directeur de l'institut Winning, près de Clovis, juste après Fresno. Depuis quatre ans, et jusqu'au 15 avril de cette année, M. Ressner était pensionnaire de notre institut. Il s'est évadé, assez ingénieusement déguisé en infirmière.

— Pour quelle raison était-il enfermé ? demandai-je en essayant de ne pas regarder l'enveloppe qui portait l'écriture d'Anne, mon ex-femme.

Il soupira en secouant la tête. Opération qu'il pouvait faire durer plus ou moins longtemps, mais j'avais l'impression qu'il m'avait déjà servi la version longue.

— En deux mots, commença-t-il, Ressner est obsédé par les célébrités. Il croit qu'on l'a empêché de conquérir la gloire quand il n'était qu'un jeune acteur avec une carrière prometteuse devant lui. En fait, il semble avoir été un acteur raisonnablement compétent et même doué, mais, comme vous savez, le talent ne suffit pas. Il s'est mis à harceler producteurs, réalisateurs et autres acteurs pour qu'ils lui donnent du travail, et ils ont dû plusieurs fois appeler la police. La situation n'a fait qu'empirer, au point que sa femme et sa fille ont fini par le quitter. Par la suite, sa femme et sa fille se sont montrées un peu plus compréhensives et ont accepté de nous l'amener pour le soigner. Heureusement, la femme de Ressner s'était remariée entre-temps avec un homme qui a des ressources considérables.

— Etait-il très malade ?

— Rien de grave, en fait, soupira Winning. Quelques occasions où il a fallu appeler la police pour l'expulser de chez Cecil B. De Mille. Une confrontation avec Joe Louis.

— Joe Louis ? Qu'est-ce qu'il avait...

— Nous ne l'avons jamais su exactement, dit Winning, un poil perplexe. Ressner a laissé entendre que Louis était le perpétrateur de... mais ce n'était pas clair.

— Mae West, dis-je.

— Quoi ? s'exclama-t-il.

— Ressner a-t-il eu un contact quelconque avec Mae West ? dis-je.

— Vous m'avez pris au dépourvu, fit-il. Miss West est venue à notre institut l'année dernière. Elle s'intéresse beaucoup aux problèmes des malades mentaux, entre autres choses. Ressner lui a été présenté et a cherché à lui parler. Il a fallu l'entraîner de force. Il s'excitait de plus en plus, affirmant qu'elle pouvait favoriser sa carrière. Comment saviez-vous... ?

— Je crois qu'il l'a contactée, expliquai-je, déchirant quand même un coin de mon enveloppe. Il a fait une scène pénible chez elle, avant-hier, docteur Winning. Je crois que votre M. Ressner est dangereux. Je pense que vous devriez prévenir la police.

Le visage déjà pâle de Winning pâlit encore.

— Non, non. Pas si je peux faire autrement. Il n'a jamais rien fait de vraiment violent, et l'embarras qui en résulterait pour l'institut, pour sa famille, notre... J'aimerais autant éviter ça, si c'est possible.

— Il a essayé de me transformer en steak haché, dis-je, insérant un doigt sous le rabat de l'enveloppe.

— Monsieur Peters, fit Winning, se levant et posant ses deux mains à plat sur mon bureau.

Attitude dans laquelle il me dominait, me regardait de haut, et qui marchait peut-être avec ses malades difficiles ou avec leurs familles, mais qui ne provoqua de ma part qu'un rictus méprisant.

— Monsieur Peters, notre institut fait du bon travail. L'un de nos prochains patients, par exemple, si la famille en décide ainsi, sera Kermit Roosevelt, le fils de Teddy Roosevelt. Il nous serait très nuisible de voir débarquer la police suivie de journalistes discourant sur des fous évadés et... vous comprenez ma pensée.

— Mon tarif, docteur Winning, est de trente dollars par jour, plus mes frais, plus trois pour cent pour les paperasses. J'accepte l'affaire pour deux jours. Si, d'ici là, je ne l'ai pas retrouvé, nous préviendrons la police. D'accord ?

Winning se rassit.

— Nous pourrons peut-être en discuter si vous ne l'avez pas retrouvé dans deux jours ?

Nous étions en train de couper les cheveux en quatre.

— D'accord, acquiesçai-je. Je vous appellerai à l'institut si je ne lui ai pas mis la main dessus d'ici lundi, mais ce sera simplement pour vous dire d'appeler les flics. Marché conclu ?

Winning porta sa main droite à son menton d'un air pensif, haussa les épaules et dit :

— Marché conclu.

— Il me faut cinquante dollars de provision, fis-je.

Il tira son portefeuille et y pêcha cinquante tickets en billets de un et de dix, pendant que je lisais l'invitation au mariage de ma femme qui aurait lieu le lendemain. Je posai le faire-part sur mon bureau, sur la couverture de *Life* où s'étalait le visage de Nelson Rockefeller.

Je pris les billets de Winning, les fourrai dans mon portefeuille et sortis un bloc-notes du tiroir de mon bureau. La première feuille était couverte de mes dessins familiers, des cubes imbriqués les uns dans les autres. Je l'arrachai et lui rédigeai un reçu sur la suivante, le lui passai, et il me donna en retour une carte de visite professionnelle, blanche, propre, gravée de lettres d'argent en caractères difficiles à lire.

— Appelez-moi à n'importe quelle heure du jour ou de la nuit, dit-il en se levant et en refermant sa serviette d'un coup sec. Si ma secrétaire ou moi-même ne répondons pas, insistez. Nous avons beaucoup de travail à l'institut, et je ne passe jamais beaucoup de temps dans mon bureau.

Je considérai mon invitation au mariage, puis le psychiatre.

— Vous êtes marié, docteur ?

— Je l'étais, dit-il en me regardant comme si j'étais un cas mûr pour le traitement. Mes devoirs m'occupaient plus que ma femme n'a pu le supporter.

— Je sais ce que c'est. Ma femme se marie après-demain.

— Voulez-vous me rendre mes cinquante dollars et en parler avec moi pendant deux heures ? dit-il avec un sourire.

— Non. Je préfère garder le liquide et me débrouiller tout seul. Alors, c'est ça que vous prenez ? Vingt-cinq tickets de l'heure ?

— Il existe des traitements moins dispendieux, mais pas aussi efficaces.

— N'en parlons plus. Vous avez des informations sur Ressner qui pourraient m'être utiles ? dis-je, incapable de détacher les yeux de mon invitation.

— Sur votre bureau, dans la chemise. Mais aucune photo, dit doucement Winning.

Je n'avais pas remarqué qu'il m'avait donné une chemise.

— Je vous contacterai, dis-je, les yeux tournés vers Winning qui avait la main sur la poignée de la porte.

Il me regardait jusqu'au fond des yeux, pour voir plus profond en moi, mais j'avais baissé les stores. Winning renonça, ouvrit la porte et laissa entrer le bourdonnement de la roulette et la chanson de Shelly : *Personne s'occupe de moi, ma doucette.* Puis il disparut, et je restai seul avec mon invitation et le *Life* de la semaine précédente.

Je lus le mince dossier que Winning avait laissé sur mon bureau. C'était une aubaine, ce Winning. Je recherchais Ressner, de toute façon, pour Mae West, pour Phil et pour moi-même. Ce serait chouette d'être payé.

Il n'y avait aucun Ressner intéressant dans l'annuaire de Los Angeles. Même chose pour les villes de la vallée. Rien dans la chemise ne pouvait m'aider beaucoup, à part une référence à son ex-femme. Maintenant, elle s'appelait Grayson. Ce qui me rappela qu'Anne Mitzemmacher Peters s'appellerait bientôt Anne Howard.

Je ne trouvai aucune Jeanette Grayson dans les annuaires, mais cela ne me surprit pas outre mesure. Le téléphone, s'il figurait dans l'annuaire, devait être au nom de son mari, et il y avait vachement trop de Grayson pour que je m'amuse à ça. La chemise ne mentionnait ni son adresse, ni son numéro de téléphone. Alors je contemplai ma lézarde préférée sur le mur, la suivis des yeux jusqu'au coin, et décrochai.

Phil n'était pas là, mais son collègue, le sergent Steve Seidman, décharné et silencieux comme un cadavre ambulant, demanda ce qu'il pouvait faire pour moi. Je ne répondis pas et lui demandai de dire à Phil de me rappeler. Puis j'attendis.

D'abord, je cherchai si j'avais des lettres à écrire. Je n'en avais aucune. Je griffonnai des cubes en essayant de trouver une position sur ma chaise qui ne m'amocherait pas le dos un peu plus. Puis je regardai par la fenêtre et remarquai deux clochards qui se dirigeaient vers le Farraday. Je les perdis de vue, et je les aurais oubliés si, quelques minutes plus tard, je n'avais pas entendu un bruit de métal tombant sur du ciment. Je tirai vigoureusement sur ma fenêtre qui s'ouvrit, me penchai pour regarder en bas et vis mes deux clochards en train de me faucher mes enjoliveurs.

Mon .38 était dans ma boîte à gants. Même si je l'avais eu sous la main, je n'aurais pas tiré, ne fût-ce qu'un coup de semonce. Je suis assez mauvais tireur, et j'aurais risqué d'en tuer un, de percer un trou de plus dans ma carrosserie ou de plomber un innocent passant. Je saisis mon presse-papier en bronze, qui représente la prison d'Alcatraz, et gueulai :

— Lâchez ces enjoliveurs et filez, ou je vous bombarde !

Je lançai Alcatraz par la fenêtre, et le regardai tourner trois ou quatre fois sur lui-même avant de s'abattre sur le toit de ma voiture, rebondir et fracasser ma vitre arrière. Les clochards, croyant que Dieu en personne les bombardait, lâchèrent mes enjoliveurs et décampèrent. Un enjoliveur tourna comme une toupie, un autre roula vers la voiture, où il s'arrêta.

C'est alors que le téléphone sonna.

— Vous croyez avoir des ennuis, dis-je à l'inconnu au bout du fil.

— Arrête tes conneries, répondit la voix lasse de Phil. Qu'est-ce que tu veux ?

— De l'aide.

Il ne répondit pas.

— Pour l'affaire dont nous avons parlé, continuai-je.

— Qu'est-ce qu'il te faut ? demanda-t-il doucement.

— Il faut que je trouve une certaine Jeanette Grayson, qui habite à Los Angeles ou dans les environs. Je crois qu'elle est remariée avec un rupin. Son ex-mari est sans doute le dingue qui pose des problèmes à Mae West.

— Tu es à ton bureau ? dit-il.

— Ouais, je suis à mon bureau. Anne se marie demain.

Il ne répondit pas, se contenta de soupirer.

— Demain, répétai-je.

— Qu'est-ce que tu veux que je te dise ? soupira-t-il enfin. Elle sait ce qu'elle fait. Tu l'as bien cherché. Enfin, on t'a déjà dit tout ça. Raccroche, je vais voir ce que je peux faire.

Il raccrocha. J'avais besoin d'une oreille compatissante, alors j'entrai dans le cabinet dentaire où Shelly fredonnait *La Carioca* en tamponnant la bouche du soldat avec une serviette grisâtre, comme il aurait fait à un bébé en train de recracher sa purée de banane.

Shelly s'arrêta de fredonner pour déclarer :

— Ne mangez pas de ce côté pendant une semaine ou deux.

Le môme acquiesça en regardant la porte.

— Le plombage tiendra, reprit Shelly en mâchouillant son cigare, mais il ne faut pas trop le malmener. A partir de maintenant, il faudra être prudent quand vous mangerez de ce côté. Désormais, voici votre devise : « manger avec prudence et mâcher à droite ».

Le môme hocha la tête, se leva, sortit son portefeuille et compta quelques billets qu'il tendit à Shelly, lequel ôta son cigare de sa bouche. Shelly ôte toujours son cigare de sa bouche pour compter son argent. Satisfait, il adressa un sourire radieux au môme, qui fila ventre à terre vers les couloirs dangereux du Farraday.

— Shel, dis-je doucement, Anne se marie demain.

Shelly me regarda et battit des paupières derrière ses loupes.

— Dommage, fit-il en branlant du chef. Dis donc, tu n'avais pas parié avec Arnie sur le combat de Sugar Ray Robinson ? Il a gagné par K.O. au deuxième round. Je me suis fait vingt tickets.

— Anne se marie, répétai-je tandis qu'il fourrait ses billets dans son portefeuille.

— Anne ?

— Mon ex-femme, expliquai-je.

— Avec le type de la TWA dont tu m'as parlé ? Ralph ? dit-il en redressant ses lunettes et en prenant un journal dentaire.

— Lui-même.

Shelly s'assit dans son fauteuil, magazine sur les genoux, et me regarda avec compassion.

— Mildred et moi, nous voudrions aller voir son frère à Cleveland, dit-il. Tu crois qu'Anne pourrait nous avoir des réductions ?

— Je lui demanderai, Shel. Merci de ton attention.

— C'est pour ça qu'on a des amis, fit-il avec un sourire entendu en ouvrant son journal.

Le téléphone sonna une heure plus tard. Je l'avais passée à essayer de penser à autre chose. Une fois, un client a tenté de m'enseigner la méditation, en remplacement des honoraires qu'il me devait pour avoir retrouvé sa sœur qui s'était enfuie. J'ai bien compris la théorie, mais pour la pratique, c'est autre chose. Mes pensées, mon dos, cette putain de ville et mes rêves reviennent toujours me frapper en pleine poire. Le mec m'a assuré que si je persévérais, je finirais par réussir un jour. J'ai presque renoncé à tout espoir, mais j'essaie encore de temps en temps. Pour l'heure, le problème, c'était que j'avais jeté mon Alcatraz en bronze sur lequel je me concentre pendant mes tentatives infructueuses, et qu'il reposait quelque part à l'intérieur de ma Buick.

— 46 Buena Suerte à Plaza Del Lago, dit la voix de Phil dans l'écouteur.

— Noté, dis-je.

— Tu vas à la noce ?

— Evidemment. Je ne voudrais pas manquer ça pour une douzaine de tacos et tout le Pepsi de Ventura.

CHAPITRE IV

Les Grayson avaient le téléphone, mais personne n'y répondait. Il me fallut cinq minutes pour trouver Plaza Del Lago sur la carte de Mobil Oil que je conserve dans le dernier tiroir de mon bureau. Après les deux premières minutes de recherche je décidai que ma carte était trop vieille, et que Plaza Del Lago était l'une des centaines de villes nouvelles qui avaient poussé comme des champignons depuis dix ans, période que ma carte ne couvrait pas.

Je finis par découvrir la ville juste au moment où j'allais abandonner la partie, sauter dans ma Buick et faire ce qui serait sans doute ma dernière visite inutile pour arracher à Anne quelques manifestations d'affection. Plaza Del Lago n'était pas sur la côte, où je la cherchais, mais dans l'intérieur, presque au bord du désert Mojave, à environ cent bornes d'Hollywood, un peu à l'écart de la nationale 138.

Shelly était absorbé par son journal dentaire quand je sortis. Je ne crois pas qu'il m'entendit quand je lui annonçai que je serais parti jusqu'à lundi. Aucune importance, je n'attendais aucun coup de fil.

Ma Buick n'était pas trop endommagée ; un creux dans le toit, qui avait fait sauter quatre ou cinq couches de peinture, et une vitre cassée. J'enlevai délicatement quelques éclats de verre, posai doucement Alcatraz sur le siège avant et allai voir Arnie-Cou-de-Taureau. Il travaillait sur une Cadillac dernier modèle.

— Arn, il s'agit d'une urgence, dis-je en descendant de voiture.

Il soupira, du soupir du mécano poursuivi par l'adversité, du soupir que poussait sans doute le forgeron d'Alexandre le Grand quand il revenait de la bataille avec son chariot tout amoché.

— Je vois, dit-il. Bombardée par un aigle qui avait des calculs rénaux.

— Non, répondis-je. Alcatraz est tombé du ciel.

Si je plaisantais ou non, Arnie s'en tapait. Il réparait les voitures, encaissait quelques paris et traversait la vie sans le moindre sens de l'humour, qui doit être localisé quelque part dans le cou.

— Oublie-la, ta bosse, dit-il. Vis avec. On est en guerre, et cette bagnole ne verra pas l'armistice. Je peux te réparer la vitre ou simplement coller un truc transparent à la place. Si je répare, il faut me la laisser deux ou trois jours. Si je rafistole, je peux te coller le truc en cinq minutes pour cinq tickets. Tu veux un conseil ?

— Non, dis-je.

Cinq tickets, c'était vachement cher pour un peu de papier collant et un machin transparent.

Il décida de me donner son conseil quand même, mais il regarda d'abord autour de lui pour voir si personne n'écoutait. Pour cela, Arnie était obligé de faire tourner tout son gros corps massif.

— Tu me laisses les pièces détachées de ce vieux clou, et je les déduirai du prix de la Ford 1938 dont je te parlais l'autre jour. Comme ça, elle ne te reviendra pas à plus de deux cent vingt tickets.

— L'autre jour, tu m'as dit que je pouvais l'avoir pour deux cents tickets, et sans pièces détachées, lui rappelai-je.

— Il y a d'autres amateurs, me confia-t-il, baissant les yeux sur ses mains pleines de cambouis et joignant le bout de ses doigts.

— Je vais encore garder mon vieux clou quelques jours et réfléchir à la question. En attendant, tâche de ne pas faire monter le prix à trois cents.

— Je tâcherai, dit-il en me posant la main sur l'épaule et en faisant avec la bouche quelque chose qui pouvait être un sourire.

Je n'avais jamais considéré Arnie comme un ami, et ce n'était sûrement pas ça qui allait nous rapprocher, mais je sais faire des sourires de faux-jeton tout comme un autre. On aurait pu rester là des heures à se sourire comme des babouins de Griffith Park, mais je n'avais pas de temps à perdre à ces aménités.

— Mets ton truc sur ma vitre arrière, et voilà tout de suite cinq tickets avant que le prix monte.

Dix minutes plus tard, je roulais vers Plaza Del Lago ; Arnie m'avait confié que j'avais encore le temps de placer quelques dollars dans le Kentucky Derby, lequel devait se courir dans une heure.

— Joue deux tickets sur Shutout, me dit-il en confidence, et en passant la tête par ma vitre.

— L'année prochaine, dis-je en regardant à travers l'épaisseur bleutée du machin transparent de ma vitre arrière.

Je roulai une heure en écoutant la radio. Une grande bataille se livrait aux portes de Mandalay. Je tâchai de réprimer l'envie de chanter *La Route de Mandalay*, mais sans succès. Les nouvelles sportives arrivèrent vers une heure, et on m'apprit que Willard Marshall, de l'avis général, allait devenir une des plus grosses vedettes des Giants de Mel Ott. Je me souvins d'avoir vu Ott deux ou trois fois lors de matchs amicaux ; je revis sa batte et le pied qu'il levait en l'air avant de frapper. Le week-end prochain, j'emmènerais mes neveux Nat et Dave voir une partie de base-ball quelque part, si ma belle-sœur Ruth me le permettait. Elle se méfie depuis la fois où j'ai sorti les gosses, promettant de les emmener au cinéma voir *Dumbo*, et leur payant à la place des films d'horreur qui avaient donné des cauchemars à Dave pendant une semaine. Quand le speaker annonça que Shutout avait gagné le derby, je tournai le bouton.

La route cessa de monter juste après la station-service Dot's Dixie, à l'entrée d'Antelope Valley, où je m'étais arrêté pour faire le plein et acheter une tablette de chocolat.

Antelope Valley doit son nom aux troupeaux d'antilopes qui y vadrouillaient il y a quelques siècles, aux confins du Mojave. Des collines, les Lovejoy Buttes, séparent la vallée du désert. Les six mille cinq cents kilomètres carrés de la vallée sont alimentés en eau par un réservoir naturel souterrain et par les eaux de ruissellement.

En avril et en mai, les citadins sortent en force pour admirer les fleurs du désert, surtout le coquelicot de Californie qui parfois fleurit à perte de vue sur une trentaine de bornes. J'avais roulé très lentement derrière les touristes pendant la plus grande partie du trajet.

Dot était un type squelettique, nanti d'une patte folle et dépourvu de tout intérêt pour la conversation. Un chien bâtard, empaillé ou mort ou plongé dans une profonde méditation, était allongé près de la pompe où Dot me fit le plein après avoir reluqué mon machin transparent et la bosse de mon toit.

Le pays plat se couvrit d'une végétation de maquis, qui s'étira, sèche et rabougrie, jusque après Palmdale. J'étais quelque part tout près de Plaza Del Lago, ou de ce qui aurait dû être Plaza Del Lago, mais il n'y avait rien. Puis l'étroite route plongea soudain, et je vis une ville posée au milieu d'une cuvette. Elle était plus grande que je ne m'y attendais, et très étalée. La partie la plus étroite de la ville s'étendait devant moi, de chaque côté de la route, avec ses vieilles maisons et ses boutiques en bois. Un peu plus loin de la route se dressaient des maisons plus conséquentes, avec jardins, pelouses et piscine de temps en temps. Plus loin encore, face à face, à environ cent mètres sur la gauche, deux vastes villas, chacune avec une grande piscine.

Cinq minutes plus tard, j'étais dans la grand-rue de Plaza Del Lago ; je m'arrêtai dans un parking devant l'épicerie-bazar Cal. J'entrai, me fendis d'une pièce de vingt-cinq cents, et une femme, qui, supposai-je, devait être Mme Cal, me donna en échange une boîte de céréales, un litre de lait et deux cents de monnaie. J'avais le temps de trouver un bol et une cuillère plus tard.

— Pourriez-vous me dire où habitent les Grayson ? demandai-je en prenant mon sac de provisions.

— Je pourrais, dit Mme Cal en se retournant pour empiler des boîtes de lessive Gold Dust sur une étagère.

— Le ferez-vous ? repris-je.

Elle me regarda d'un air qui laissait loin derrière lui les soupirs d'Arnie.

— Vous avez affaire avec eux ? dit-elle.

Sa voix était sèche et cassante comme le désert, sans doute, supposai-je, parce qu'elle ne mangeait que les crackers de sa baraque et réservait sa voix pour l'opéra.

— Oui, répondis-je, toujours dans le coup.

— Ils sont nouveaux, presque tout le monde est nouveau ici, dit-elle, en me regardant d'un air signifiant clairement que je ne serais pas une adjonction bienvenue à la population de Plaza Del Lago.

— Pourquoi s'installent-ils tous ici ?

— Les sources thermales, dit-elle en pointant le doigt sur quelque chose derrière moi.

La boutique était petite, et pleine des deux côtés du sol au plafond. Ce qu'elle me montrait, c'étaient des bouteilles d'un liquide baptisé Eau des Sources du Caniche, avec étiquette jaune et dessin de caniche blanc dressé sur ses deux pattes postérieures et tirant la langue. L'eau des bouteilles me parut quelque peu trouble.

— La nappe est sous la ville, m'expliqua Mme Cal, devenue plus causante. Elle est là depuis que Dieu l'a créée.

— Pas possible ! l'encourageai-je.

— Ça a un peu le goût de la pisse de dinde, dit-elle en branlant du chef.

N'ayant jamais goûté de pisse de dinde, je me contentai de répliquer :

— Sans blague ?

— Je ne blague pas, dit-elle en s'accoudant sur le comptoir.

— Comment ça a commencé ?

— Un certain Grayson, celui que vous cherchez, s'est amené ici il y a une dizaine d'années, et a acheté la plus grande partie des terres. Les gens n'étaient que trop contents de lui vendre. Ils le prenaient pour un con.

— Il ne l'était pas ?

— Regardez autour de vous si vous avez des yeux, dit-elle en tournant la tête dans toutes les directions.

Je ne vis que des monceaux d'épicerie, mais je supposai qu'elle parlait du vaste monde au-delà de ses murs.

— Il a trouvé des tas d'abrutis de San Francisco, Los Angeles et Reno pour investir ici et bâtir des maisons et deux hôtels. Il a dépensé une fortune en publicité dans les journaux. Pour dire que sa pisse de dinde guérissait n'importe quoi. Et en moins de deux, des gens sont venus acheter, boire ce truc et nager dedans. Il y a des gens qui achèteraient un cul de chèvre et se le mettraient sur la tête si un bon vendeur leur faisait l'article.

— Ça alors !

— On gagne bien notre vie, ajouta-t-elle. Je ne me plains pas.

Comme elle m'avait paru se plaindre, j'eus envie de débattre la question avec elle, mais je pensai à mon boulot.

— Les Grayson ?

— Continuez vers l'est, traversez deux routes, tournez à gauche et roulez jusqu'au bout du chemin. Vous trouverez une grande maison en torchis, avec une cloche de mission sur le toit et un arbre de Josué dans le jardin.

— Merci, dis-je en prenant mon paquet pour sortir.

Mme Cal se remit à ranger et empiler sans ajouter un mot.

Ses instructions étaient précises, et Plaza Del Lago n'était pas tellement grand. Je passai devant les deux hôtels construits face à face, aux vérandas bondées de vieillards coiffés de chapeaux avachis, en train de boire de la pisse de dinde trouble. Aucun n'avait un cul de chèvre sur la tête, à moins qu'il ne fût caché sous le chapeau.

Devant les maisons s'étendaient des jardins ornés de rochers de sable et de cactus. Les poteaux des lignes électriques et téléphoniques se dressaient au-dessus des maisons et les reliaient à la route.

Au bout du chemin longeant le désert, je vis une grande maison jaune en torchis, avec une cloche de mission sur le toit et un arbre de Josué dans le jardin. Je me garai devant la porte en bois et remontai l'allée sablée. L'arbre de Josué était en fleur.

L'arbre de Josué n'est pas un vrai arbre, tout juste une imitation californienne. C'est un genre de yucca, baptisé ainsi par les colons mormons en l'honneur du livre de Josué : « Tu suivras le chemin que t'indiquera l'arbre. »

L'arbre de Josué commence sa vie sans aucune branche, se dressant dans le désert comme un piquet, puis il lui pousse des membres courtauds qui pointent dans toutes les directions, terminés par de grandes épines, longues comme des baïonnettes. Les feuilles meurent, virent au gris-brun et pendent le long des branches, donnant à la plante un air curieusement mal peigné. Des fleurs apparaissent au bout de chaque branche, de mars à juin, des bouquets de fleurs luisantes d'un beau blanc crémeux et qui sentent le champignon.

Mon vieux, quand il prenait son après-midi, nous emmenait en voiture admirer les arbres de Josué. Il se rappelait l'époque où le *Daily Telegraph* nous avait envoyé des équipes de Chinois pour couper les arbres de Josué afin d'en faire de la pâte à papier. Mais, disait-il, Dieu était intervenu, avait permis que la première cargaison arrivât pourrie en Angleterre, et qu'un orage terrible chassât les Chinois.

J'avançai jusqu'à la porte ombragée d'une petite véranda. De chaque côté, des chaises longues en bois où, le soir venu, Grayson pouvait regarder sa ville s'endormir.

Je frappai et frappai, sans résultat, à part un vague bruit à l'intérieur, qui pouvait provenir de quelqu'un qui se déplaçait dans la maison, ou n'être que les gémissements et craquements normaux de fin d'après-midi. Je contournai la maison, ouvrant mon veston et arrachant le bouton qui menaçait de m'abandonner depuis un mois. Je m'agenouillai pour le récupérer au milieu des pierres et du sable, et je sentis soudain une ombre au-dessus de moi.

— Qu'est-ce que vous faites ?

C'était une voix de femme. Age incertain. Relevant la tête, je clignai des yeux dans le soleil et aperçus sa silhouette. Elle semblait nue.

— J'ai perdu mon bouton, dis-je, le repérant enfin et le fourrant dans ma poche.

Je me redressai et vis qu'elle n'était pas nue, mais en maillot de bain blanc.

— Je veux dire qu'est-ce que vous faites là, à fouiner autour de la maison ?

— Mme Grayson ? m'enquis-je, faisant un pas de côté pour la reluquer plus à l'aise.

— Miss Ressner, dit-elle. Dolores Ressner. Qu'est-ce que vous faites là ?

Elle était grande, peut-être même un peu plus grande que moi, mince, avec des cheveux châtains courts et des yeux bleus. Elle devait avoir dans les trente ans.

— Je voudrais parler à votre mère, dis-je, tâchant de ne pas tripoter le fil de mon veston qui venait d'abandonner lâchement mon bouton.

Je transpirais, j'étais mal à mon aise ; elle, elle était grande et exigeante.

— A quel sujet ? dit-elle, sans bouger.

— Votre père.

— Harold Grayson n'est pas mon père, dit-elle sans ambages.

— Je sais. C'est de Jeffrey Ressner que je voudrais parler.

Son visage se décomposa, sa façade se craquela. Son corps bronzé fut pris d'un frisson, de froid ou d'horreur. Elle me tourna le dos et revint lentement vers l'arrière de la maison. Je la suivis. La piscine était petite et pleine d'eau bleue, pas une eau de source locale.

Dolores Ressner prit une serviette sur une chaise longue près de la piscine et commença à s'essuyer, ce qui lui donna le temps de réfléchir. Je n'y voyais pas d'inconvénient. Je n'avais rien à faire et ça ne me déplaisait pas de me rincer l'œil. Quand elle eut fini de se frictionner, elle passa un peignoir bleu. Une fois prête, elle se retourna vers moi, croisa les bras et demanda :

— Qu'est-ce que vous voulez savoir au sujet de mon père ?

— Je veux savoir où il est.

— Qui êtes-vous ?

Elle avait étréci ses yeux, en secouant ses cheveux pour les débarrasser de leurs dernières gouttes d'eau, ou pour qu'ils retombent sur ses épaules avec plus de naturel. Geste gracieux.

— Je suis détective privé. Je m'appelle Toby Peters. Le Dr Winning, de l'institut Winning, m'a engagé pour retrouver votre père. Il s'est évadé il y a quatre jours.

— Et le Dr Winning pense qu'il aurait pu venir ici ?

Ses mains se crispèrent violemment sur ses bras et blanchirent. Je n'arrivai pas à déterminer si c'était de la peur ou de l'incrédulité que je devinais dans sa voix.

— Non, dis-je en me tournant vers la maison pour tenter d'y détecter quelques signes de vie, avant de revenir à elle. Non, simple point de départ. Le Dr Winning ne veut pas qu'on lui fasse de mal ou qu'il fasse du mal à quelqu'un.

— Mon père n'a jamais fait de mal à personne ! lança-t-elle du tac au tac.

— Peut-être, mais je crois l'avoir rencontré l'autre soir, et l'hostilité qu'il m'a manifestée ne s'est pas contentée de paroles.

— Je n'ai jamais été d'accord pour qu'il aille dans cette clinique, dit-elle. C'était une idée de ma mère et de mon beau-père.

— Il vaudrait peut-être mieux que je parle à votre mère et... dis-je en faisant un pas vers la maison.

Elle décroisa les bras et se planta devant moi.

— Ma mère n'est pas là. Elle est allée voir sa sœur à San Diego. Mon beau-père dort. Il n'est pas bien ces temps-ci et ne veut pas qu'on le dérange.

On se dévisagea deux ou trois minutes, attendant la faille. Elle ne faiblit pas ; alors je revins à l'attaque.

— J'ai un carton de lait tiède et une boîte de céréales dans ma voiture. On pourrait peut-être en manger un bol ensemble et regarder le coucher du soleil en attendant que beau-papa se réveille.

Elle ne put empêcher les coins de ses lèvres de se retrousser en une sorte de sourire ; je continuai :

— Je pourrais recoudre mon bouton, pendant que vous vous moquerez de moi en me montrant l'album de famille. J'aimerais voir une photo de votre père.

Elle se dégela un peu et eut un geste d'impuissance.

— Nous n'avons aucune bonne photo de mon père. Il en existait quand il jouait encore, mais quand il a... quand il a commencé à avoir des problèmes, il les a toutes déchirées et a refusé depuis de se laisser photographier. Nous en avons une en roi Lear, mais il est méconnaissable.

— Il a joué le roi Lear ? dis-je, faisant un pas de plus vers la maison.

— Non, dit-elle en secouant la tête d'un air accablé. Il se costumait en Lear, mais il n'a jamais joué le rôle. Il le savait par cœur. Quand j'étais petite, il m'en jouait des scènes à Ventura, dans la cuisine. Il était très bon.

— C'est ce qu'on m'a dit. Je peux mettre mon lait dans votre réfrigérateur ?

Elle pencha la tête d'un air dubitatif.

— D'accord, mais ne faites pas de bruit. Harold n'est pas toujours commode, surtout quand on le réveille pendant sa sieste, ou quand on prononce le nom de mon père.

Elle me précéda dans la maison par la porte de derrière. La cuisine était grande et moderne, avec placards en pin et appareils en inox. Dans un coin, le réfrigérateur émettait des gargouillements satisfaits, et on s'assit devant la table en séquoia. Mon lait pouvait attendre. Je le boirais en rentrant à Los Angeles. Par la fenêtre qui donnait de l'autre côté de la maison, je voyais une grande voiture bleue, une Packard, sans doute.

Nerveuse et tendue, Dolores Ressner mit le café à chauffer puis s'assit. Elle se gratouilla des cuticules qui l'agaçaient et se mordit les lèvres, puis releva la tête.

— Qu'est-ce que vous faites dans la vie ? dis-je. A part la natation.

Elle haussa les épaules.

— Actrice, par intermittence. Rien d'important. Quelques petits rôles à la Twentieth Century-Fox. J'ai joué dans *Arènes sanglantes*. Je faisais une servante. Des choses comme ça. Je suis aussi mannequin, surtout des photos pour les catalogues de ventes par correspondance. Maintenant... (elle regarda par la fenêtre)... maintenant, je me repose avant de repartir dans la jungle.

— Votre père vous a donné signe de vie ces quatre derniers jours ?

Son regard se détacha du nœud de bois qu'elle fixait sur la table. Derrière nous, la cafetière se mit à gargouiller.

Quelque part dans la maison, un parquet craqua. Pas un craquement provoqué par la température, le craquement d'un être humain qui se déplace.

— Il a besoin d'aide, dit-elle. Pas le genre d'aide que lui donne le Dr Winning, qui l'emprisonne. A vous parler franchement, mon beau-père paye pour qu'il reste bouclé. Ma mère accepte, parce qu'elle ne peut pas supporter l'idée de se retrouver face à face avec mon père. Ça n'a pas été facile pour elle.

— Ni pour vous, dis-je.

Elle avait les yeux embués de larmes.

— Je crois que j'entends Grayson qui se lève, dis-je.

Nerveuse, elle porta la main à sa joue et se leva.

— Prenons notre café. Il nous trouvera bien.

— Votre père, répétai-je en me tournant vers elle. Il vous a donné signe de vie ? Je ne lui veux pas de mal. Je veux simplement l'empêcher de vous nuire, à vous et à votre mère, ainsi qu'à quelques autres personnes et même à lui-même.

— Et même à vous aussi, peut-être, dit-elle en se détournant de la gazinière, la cafetière à la main.

— Peut-être. Et peut-être que je fais tout ça pour mon fric et pour un ami. Mais avec ou sans « peut-être », votre vieux s'en tirera mieux si je l'attrape avant qu'il n'aille trop loin. Dolores, croyez-moi, il est dans le pétrin mais, pour le moment, il pourrait encore s'en tirer avec un peu d'aide, la vôtre et la mienne.

Il faisait chaud dans la cuisine, mais Dolores resserra son peignoir autour d'elle d'une main frileuse et frissonna en remplissant nos tasses. Puis elle se rassit en posant la cafetière sur un dessous-de-plat en bois. Elle avait envie de dire quelque chose qui ne sortait pas, et je voulais lui donner le temps de se décider.

Je versai quelques cuillerées de sucre dans mon café, posai ma paume sur la tasse pour en sentir la chaleur humide et bus une gorgée.

— Il est ici, dit-elle à voix basse, si basse que je ne l'entendis pas la première fois.

Ou alors je n'en crus pas mes oreilles.

— Quoi ? dis-je, me penchant vers elle.

— Ici. Il est ici, dans l'autre pièce. Dans le séjour. Nous attendions le retour de ma mère pour prendre une décision. Harold n'est pas malade, et il ne fait pas la sieste. Lui et mon père sont en train d'analyser la situation, de voir...

Je me levai lentement, très lentement.

— Je crois que je vais aller me joindre à la conversation, dis-je doucement. Ne vous en faites pas. Restez ici et finissez votre café. Je me présenterai tout seul à Grayson. Votre père et moi, nous nous sommes déjà rencontrés, je crois.

Elle acquiesça d'un air résigné, les épaules affaissées comme après une journée de travaux forcés.

Je me dirigeai vers la porte d'accès au reste de la maison, avec une forte envie d'ôter mes chaussures pour ne pas faire de bruit. Mais chaque fois que j'ai ôté mes souliers au cours d'une affaire, loin de s'améliorer, la situation a empiré. Je continuai donc, chaussé. Pas de bruit de voix en façade, mais quelque chose craqua. Je me retrouvai dans un couloir au parquet bien ciré. Au mur, une estampe représentait la première jonction ferroviaire est-ouest, avec plantation du clou d'or commémoratif, sur laquelle Leland Stanford toisait de haut l'avenir de l'Ouest et moi-même. A ma droite, je trouvai le séjour. Personne. Deux canapés, tous deux géants et d'un beau marron viril, plus un fauteuil à bascule. Par terre, un tapis indien, avec, au centre, ce que j'interprétai comme un démon grimaçant.

En face du séjour, trois portes, fermées toutes les trois. Et toujours aucun bruit de voix.

J'essayai la première qui s'ouvrit sur une chambre orange et claire, une chambre de femme, sans doute celle de Dolores. Il y flottait une agréable odeur de savon ou de parfum.

La porte suivante était entrouverte. J'entrai. C'était aussi une chambre, mais plus grande que celle de Dolores. Dans un coin, un secrétaire, dans un autre, une commode. Au milieu, deux lits jumeaux au-delà desquels on avait vue sur la ville par une immense porte-fenêtre. Sur les lits, des couvre-pieds indiens, marron. Je voyais clairement les motifs sur l'un, mais l'autre était caché par le corps d'un homme.

La soixantaine, grisonnant, il portait un peignoir de flanelle bleu marine et un long couteau planté dans le cœur. Il avait les bras en croix et les yeux écarquillés d'étonnement. Quelque chose craqua dans le couloir et j'empoignai une radio portative sur la commode. Je pivotai, prêt à assommer Jeffrey Ressner, et faillis matraquer Dolores qui en resta bouche bée de trouille.

— Reculez, dis-je en tendant mon bras libre et en remettant la radio à sa place.

— Où est... commença-t-elle, puis elle vit le corps sur le lit.

Je tendis les deux bras pour la rattraper si elle tombait,

mais sans quitter la porte des yeux. Ressner était sans doute encore dans la maison.

— Mon Dieu, murmura-t-elle.

— C'est Grayson ? murmurai-je en la poussant doucement hors de la chambre.

Elle acquiesça, les yeux toujours fixés sur le cadavre. Je la fis entrer dans le séjour, et elle me regarda droit dans les yeux en secouant la tête d'un air incrédule.

— Appelez la police, dis-je, très calme. Vous pouvez faire ça ?

Elle ne répondit pas et continua à scruter mon visage, cherchant à comprendre.

— Vous pouvez faire ça ? Je vais tâcher de trouver votre père pour l'empêcher de faire d'autres bêtises. Maintenant, appelez la police. D'accord ?

Elle hocha la tête et regarda autour d'elle, cherchant le téléphone.

— Il est mort ?

— Mort, répétai-je en me dirigeant vers la porte de devant.

J'allai chercher mon .38. Je ferais peut-être bien de prendre aussi mon Alcatraz en bronze et mon sac de provisions. Ressner n'était pas le tueur classique. Si c'était le mec avec qui je m'étais bagarré chez Mae West, et il semblait bien que c'était le cas, je ne savais pas trop ce qu'il me faudrait pour l'arrêter.

Avant d'arriver à ma voiture, j'entendis derrière moi le bruit d'un moteur qui démarre. La Packard garée sur le flanc de la maison revint à la vie et fila devant moi en m'aspergeant de sable et de gravier. Je ne vis pas clairement le chauffeur, mais la silhouette ressemblait à l'idée que je me faisais de Ressner.

Je courus à ma Buick, montai, claquai la portière et démarrai. Ressner prit la route que j'avais empruntée pour venir, la seule, accélérateur au plancher. Il faillit écraser deux vieux qui marchaient, tenant leur chapeau informe d'une main, et buvant de l'autre de la pisse de caniche.

Revenu à la grand-route, il tourna vers Palmdale sur deux roues et fonça, en tanguant, mais ma vieille Buick n'arrivait pas à suivre, même de loin. Quand même, si je parvenais à tenir deux ou trois kilomètres, je l'empêcherais de s'arrêter, et s'il rentrait dans la civilisation à cette vitesse, il finirait bien par tomber sur un ou deux flics mal vissés. Maintenant, Dolores, si elle avait trouvé le téléphone, avait appelé ce qui passait pour la police à Plaza Del Lago. Je n'avais aucune idée de ce qu'ils allaient faire, mais je ne comptais pas sur une aide immédiate. Je m'obstinai, fourrant mon .38 dans la poche de mon veston, où il me cogna rythmiquement la hanche si bien que je finis par le poser sur le siège à côté de moi. Ressner était toujours en vue, filant à tombeau ouvert. Moi, je heurtai un caillou ou un rat de la prairie, et mon .38 vola en l'air et faillit m'éborgner. Je saisis le flingue au vol et le mis dans mon sac de provisions.

Nous étions en vue de la station-service Dot's Dixie quand ma Buick rendit l'âme. Elle souffla, gargouilla et rota quelque chose qui ressemblait à « Et merde ! ». Du métal tomba à l'avant, glissa sous le châssis, jetant des étincelles dans le crépuscule. Je perdis le contrôle. Mon carton de lait jaillit du sac en papier pour voir ce qui se passait et explosa contre le pare-brise, m'arrosant d'une pluie de lait et m'enlevant tout espoir de limiter les dégâts en m'arrêtant à peu près normalement. La voiture quitta la chaussée et heurta un obstacle dur.

Projeté sur le siège arrière, je fus de l'avis de la bagnole. Et merde ! On en avait vu de dures ensemble. Je fermai les yeux et attendis le compagnon de mes rêves, Koko le Clown, pour qu'il me sorte du néant, mais il ne parut pas.

Quand je revins à moi, je vis la tête pâle du bâtard de

Dot, qui n'était ni mort ni empaillé. Il puait de la gueule, comme tous les chiens.

La pièce était exiguë et pleine de pièces détachées de voitures et de petites cages contenant des salamandres, des serpents et quelques musaraignes. Il y avait une petite fenêtre dans un coin et, au-delà, le noir.

— Vous n'êtes pas mort, dit Dot en me regardant, les mains dans les poches.

— Merci, répondis-je en m'asseyant.

— Mais la voiture est morte, reprit-il en me tendant un Pepsi dont j'avais bien besoin.

Je le bus en me demandant ce que je pouvais bien avoir de cassé cette fois, mais rien ne me faisait très mal. En fait, mon dos allait mieux qu'avant l'accident.

Je regardai la chemise de pilou et le pantalon déchiré que Dot m'avait mis sur le dos et je répétai :

— Merci.

— Donnant, donnant, dit Dot en bourrant une pipe qui s'était matérialisée dans sa main comme par magie. Ces fringues, le Pepsi, un repas et un appel aux flics contre votre épave.

Je m'envoyai une rasade de Pepsi en réfléchissant au marché.

— Vous pouvez garder les céréales, le pistolet et la statue d'Alcatraz, dit-il.

— Marché conclu, fis-je en lui portant un toast avec mon Pepsi.

L'affaire faite, Dot alluma sa pipe, caressa le bâtard qui haleta voluptueusement et se dirigea vers la plaque chauffante sur laquelle cuisait quelque chose. Il revint avec un bol de chili et du pain. J'engouffrai le chili, sauçai le jus avec mon pain et avalai le reste de mon Pepsi, puis j'essayai de me lever. Je m'en tirai très bien et découvris que mon cerveau s'était remis à fonctionner.

— Mon complet, dis-je. Et votre téléphone.

— Le complet est dans une boîte près de la porte,

avec le pistolet, Alcatraz et les céréales. Le complet n'est pas sec. Thomas a bien léché le lait quand je vous ai sorti, mais il faudra quand même le faire nettoyer.

— Merci, dis-je en me dirigeant vers le téléphone.

Il agita sa pipe dans ma direction en disant :

— J'ai connu le sergent York. Alvin York. Pendant la dernière guerre.

— Sans blague ? dis-je en essayant d'attirer l'attention de la standardiste.

— Sans blague, fit-il avec satisfaction en emportant mon bol vide.

Shelly n'était plus au bureau. Pas de réponse. J'aurais pu l'appeler chez lui, mais au risque de tomber sur sa femme, Mildred, qui, quand nos rapports vont au mieux, refuse de me parler. Il paraît que j'exerce une influence néfaste sur Shelly. Jeremy n'avait pas de voiture. J'aurais pu appeler Phil, mais dans ce cas, j'étais obligé de faire avec lui tout le trajet de retour jusqu'à Hollywood ; je ne pensais pas pouvoir supporter mon frère si longtemps et je savais par expérience qu'il en était de même pour lui.

Alors j'appelai la pension de Mme Plaut en priant le ciel que ce ne soit pas elle qui réponde. Ce fut elle.

— Madame Plaut, hurlai-je, ici Toby Peters ! Est-ce que M. Wherthman est là ? Gunther Wherthman.

— Pension Plaut, répondit-elle d'un ton patient.

A la pension, c'était le sujet de débats passionnés : puisque Mme Plaut était sourde comme un pot, nous nous demandions pourquoi elle s'obstinait à répondre au téléphone, et même en interdisait l'accès à toute autre personne. Nous nous demandions aussi comment elle entendait la sonnerie. Peut-être que c'étaient les vibrations, ou un sixième sens accordé seulement aux croulants et aux dingues.

— Gunther Wherthman ! gueulai-je, assez longtemps

pour réveiller Thomas qui somnolait sur le canapé où j'étais précédemment couché.

— Monsieur Wherthman, s'exclama-t-elle, stupéfaite, pourquoi appelez-vous ? Je viens juste de vous voir dans votre chambre.

— Oh, merde, soupirai-je à voix basse.

— Inutile d'être grossier, rétorqua Mme Plaut, même dans votre langue maternelle.

Dot me considéra sans curiosité, tirant sur sa pipe et rêvant au sergent York.

— Peters, Peters, Toby PETERS ! gueulai-je en faisant saillir les veines de mon front.

— M. Peelers ? dit-elle après une pause.

— Oui, haletai-je.

— Il n'est pas là, et la police le recherche, une fois de plus, expliqua-t-elle.

— La police...

— Je vais vous passer M. Wherthman, dit-elle, et j'entendis le téléphone cogner contre le mur du couloir.

— Autrefois, je travaillais dans l'estuaire près de Saint Louis, dit Dot à la cantonade, en ôtant sa pipe de sa bouche pour regarder dans le fourneau.

L'excentricité humaine est sans bornes, me dis-je en attendant Gunther dont la voix me parvint enfin, après le raclement rituel de la chaise sur laquelle il monte pour arriver au téléphone mural.

— Gunther Wherthman à l'appareil, dit-il avec sa dignité et son accent coutumiers.

— Ici Toby, Gunther. J'ai eu un petit accident.

— Toby, vous n'êtes pas blessé ?

— Non, tout va bien. Vous pouvez venir me chercher ? Je vais vous dire où je suis. Qu'est-ce qu'elle raconte encore, Mme Plaut ? Les flics me recherchent ?

— Vous êtes, semble-t-il, recherché pour interrogatoire au sujet du meurtre de M. Grayson. J'ai entendu ça à travers ma porte. Comme vous le savez, je ne recherche pas la compagnie de la police de Los Angeles.

Il s'arrêta poliment et attendit la question suivante.

— Mon frère était-il là ?

— C'est exact.

Je lui donnai les instructions pour me trouver et je passai ensuite une heure et dix minutes à jouer au poker avec Dot qui me refit de quatre tickets et m'informa qu'il les utiliserait pour aller en ville voir Veronica Lake dans son dernier film.

— Elle se fait embrasser par Robert Preston, dit-il, avec le regard vague réservé au sergent York et à Veronica Lake.

— Il faudra que je voie ça, dis-je.

Quand Gunther arriva, je pris mes paquets, remerciai Dot, caressai Thomas et montai à côté de Gunther. L'Oldsmobile de Gunther est équipée de pédales spéciales qu'il peut atteindre avec ses petites jambes.

— Petit bonhomme, fit Dot en désignant Gunther de sa pipe.

— Je n'avais pas remarqué, dis-je.

Et on partit dans la nuit, cap sur Los Angeles.

CHAPITRE V

Le lendemain matin, je me levai de bonne heure, pris mon café et des céréales et enfilai mon dernier complet, un truc marron encore passable si on n'y regardait pas de trop près. Comme c'était dimanche, je ne pouvais pas faire nettoyer celui de la veille, qui puait le lait, ni faire recoudre le bouton, et je ne pouvais pas contacter Arnie pour conclure l'achat de la Ford avant que le prix monte encore. Dot avait pensé à enlever les plaques de ma Buick et à les mettre dans ma boîte avec mes autres trésors.

Un coup de fil au commissariat de Wilshire m'apprit que Phil était de service. Pas de dimanches pour le crime. En fait, il y a généralement assez d'action le samedi soir pour que le dimanche soit le cauchemar du flic.

Pas de douleurs dorsales, pas de gros bobos. Je décidai de faire à pied les cinq kilomètres pour respirer le bon air de la mer, mais à peine arrivé dans Fairfax, il se mit à pleuvoir. Je m'abritai sous une porte, cherchant des yeux un taxi. Les rues n'étaient pas totalement désertes, mais le dimanche matin n'est jamais très animé à Los Angeles. Tout le monde semble toujours être ailleurs. Ville trop étirée, avec trop de trains vides, mais la guerre était en train de changer tout ça en nous envoyant tous les jours des milliers de gens. C'était contraire au simple bon sens : la côte était la région du pays la plus vulnérable aux attaques japonaises. Tous les jours, les Japonais nous rappelaient qu'ils arrivaient. Peut-être que le bombardement de Tokyo, la semaine précédente, allait les détourner de cette pensée. Peut-être pas.

Ce qui attirait les gens, c'était le boulot. Soldats, matelots et marines s'embarquaient chez nous. La flotte faisait toujours escale à San Diego. Le gros fric était avec les forces armées, et les boulots étaient là où était le gros fric.

La Californie vivait une histoire d'amour avec les militaires. Ils pouvaient picoler, gueuler, s'estropier et se massacrer, et on leur pardonnait tout comme à de mignons bambins. Le sentiment de culpabilité des civils leur pardonnait tout, jusqu'au jour de leur embarquement.

Les hommes en uniforme qui n'avaient pas la belle vie à Los Angeles, c'étaient les flics. Le temps que je trouve un taxi et arrive au commissariat, la pluie commençait à se calmer. Un quatuor de flics en tenue, debout en haut du perron, essayait de décider s'ils devaient sortir sous la flotte, tremper leurs uniformes et leur moral, et rechercher les méchants qui n'étaient que trop faciles à trouver.

J'entrai et saluai de la tête le sergent de garde, un vieux briscard nommé Coronet qui me rendit mon salut. Un marin dormait sur le banc de bois contre le mur.

— Il s'est fait arnaquer, dit Coronet en montrant le môme du menton. Il jure que c'étaient deux types et Jean Harlow. Je lui ai dit qu'Harlow était morte. Et même si elle ne l'était pas, qu'est-ce qu'elle aurait à foutre du fric d'un matelot ?

— C'était peut-être quelqu'un qui lui ressemblait ? dis-je.

Coronet secoua sa crinière blanche d'un air sagace, en

m'offrant une plaquette de Dentyne. Je la mis dans ma poche. Il dépiauta la sienne et se mit à mâcher.

— Non, dit-il. Le maquillage, toute l'ambiance, ça ne colle pas.

— L'ambiance ? répétai-je.

— J'ai entendu ça à « Incroyable mais Vrai », dit Coronet en hochant la tête. Emission très instructive. Vous devriez la suivre.

— Je n'y manquerai pas, dis-je en montant les vingt marches branlantes, en poussant la porte d'un coup de pied et en entrant dans la salle de garde.

Comme toujours, elle fleurait la bouffe, la sueur et la fumée refroidie.

Les affaires étaient florissantes. La gros sergent Veldu, assis à son bureau, tenait d'une main boudinée l'abondante tignasse d'un môme mexicain. Il avait le visage à quelques centimètres de celui du môme et lui susurrait quelque chose, mais je n'entendis pas, car il y avait trop de remue-ménage. Le môme avait l'air terrorisé.

Deux femmes en robe du soir, assises sur un banc dans le coin, fumaient et devisaient comme en l'attente du maître d'hôtel qui les conduirait à leur table, au *Café La Male*. L'une d'elles, une blonde, avait un œil au beurre noir, l'autre un épais bandage sur l'oreille.

La blonde se mit à rire et dit tout haut :

— Tu aurais dû l'arracher d'un coup de dent.

A côté d'elles, un poivrot fouillait dans la corbeille de Veldu, lequel, sans lâcher le Mexicain ni le quitter des yeux, ramena sa main libre en arrière et chassa le poivrot qui tomba sur son cul.

John Cawelti, le policier que j'aime le moins de tout le système solaire, sirotait du café et jouait avec son crayon tout en écoutant au téléphone quelqu'un qui ne le laissait pas en placer une. Il avait ôté son veston à carreaux, et son holster reposait confortablement sur son cœur. Comme toujours, sauf la fois où Jeremy Butler l'avait vigoureusement secoué, il avait les cheveux soigneusement gominés et partagés par une raie de milieu, comme s'il allait auditionner pour la partie de ténor dans un quatuor de coiffeurs. Il leva les yeux et me vit. Je lui souris. Ce fut le coup de foudre. Puis il fit le petit geste qui cimenta notre amitié, et, remuant les lèvres sans émettre un son, je dis : « Pareil pour vous », avec un clin d'œil. Il me foudroya quelques secondes, tapota sur le bureau avec son crayon et tourna la tête.

Deux flics en tenue, debout, regardaient un mec en forme de tanker norvégien, assis. Il voulut se lever mais les flics le repoussèrent. Il fit une pause, l'œil vague, essaya encore, et les flics le refirent asseoir. Le jeu ne semblait pas les amuser. Mais je comprenais pourquoi les flics ne tenaient pas à ce qu'il se remette sur pied. C'était le sosie du champion poids lourd Tami Mauriello.

Je repérai Seidman dans son coin, assis sur son bureau en train d'examiner des papiers. Je me frayai un chemin jusqu'à lui à travers clochards, poivrots, mondaines amochées, flics et papiers.

Il ne se donna même pas la peine de lever la tête. Il avait des yeux de flic et savait exactement quand j'avais fait mon entrée dans la salle.

— En général, on est obligés d'aller vous chercher en personne, dit-il de sa voix égale et morte, bien assortie à sa tête. On change les règles ?

— Je grandis en âge et en sagesse, Steve, dis-je en m'asseyant près de lui sur le bureau et en essayant de lire ses papiers.

Il les posa, croisa ses bras sur sa maigre poitrine et me regarda.

— Moi aussi, Toby, dit-il. Et je ne me suis pas couché de la nuit. Phil non plus. Alors, si vous allez l'asticoter dans son bureau et que je suis obligé de venir vous séparer, je serai peut-être un peu plus lent que d'habitude. Tant pis pour vous. Donc, pas de bêtises. On est en guerre.

— Heureux les pacifiques, dis-je.

— Car ils posséderont les morceaux, répliqua-t-il. Bon, allez-y. Non, attendez. Je sais que c'est une question con, mais je vais la poser quand même pour le dossier. Avez-vous tué Grayson à Plaza Del Lago ?

— Non, dis-je en enfonçant mes mains dans mes poches et en dansotant pour laisser la voie libre à Veldu, qui, toujours par les cheveux, conduisait le môme mexicain à la salle des interrogatoires.

Seidman se remit à lire ses dossiers, et je frappai à la porte de Phil.

— Entrez, dit-il.

Et j'entrai.

Phil était assis à son bureau. Il me tournait le dos et grattait ses cheveux grisonnants comme il le faisait depuis trente ans. Je refermai la porte et m'installai sur l'une des deux chaises en face de lui. Son bureau n'était pas plus grand que le mien. La vue de sa fenêtre était encore pire que de la mienne. Il admira le mur de brique d'en face pendant encore quelques secondes, se gratta le crâne une fois de plus et se tourna vers moi, en croisant les mains sur son bureau. Il avait les yeux rouges et ne s'était pas rasé. Il aurait été mieux avec une barbe, mais la barbe est interdite aux flics.

— Bon, qu'est-ce que tu as pour moi ? dit-il.

J'enfonçai la main dans ma poche et en sortis le bronze d'Alcatraz que je posai devant lui sur son bureau. Il le regarda sans décroiser les mains. Je le regardai de même.

— C'est... commença-t-il.

— Alcatraz, terminai-je. Un cadeau. Presse-papiers. Je l'avais dans mon bureau. Il me vient d'un ex-truand nommé Maloney qui y est allé en villégiature. Je me suis dit que ça ferait mieux ici. Ça pourra te servir d'argument avec les tueurs pas coopératifs.

Phil cligna légèrement de l'œil droit pour juger la blague. Il était capable de me lancer le truc à la gueule, ou de sauter par-dessus son bureau pour me dérouiller avec.

— Merci, dit-il.

Ça n'allait pas être facile de le mettre en rogne.

— Comment vont Ruth et les gosses ? essayai-je.

En général, ça le fout en pétard.

— Bien. On devait faire un pique-nique aujourd'hui.

Il regarda par la fenêtre. Au loin, roulement de tonnerre sur la côte.

— Dimanche. Merde. Tu as tué Grayson ?

— Non.

Phil se regratta la tête et ouvrit le dossier posé devant lui. C'était le mien. Epais, parce que j'étais sans arrêt dans le merdier depuis douze ans, quoique pas plus que les autres privés.

Phil leva les yeux de mon dossier et jeta un coup d'œil sur la montre de notre père que je porte au poignet. Elle annonçait quatre heures. Elle se bonifie avec le temps. Maintenant, elle n'a pas plus de sept heures d'avance ou de retard.

— D'accord, soupira Phil. Une certaine Dolores Grayson a déclaré que tu es allé à Plaza Del Lago hier pour parler à son père. Elle a essayé de t'empêcher de le voir, mais tu l'as plantée là dans la cuisine et tu es parti à sa recherche tout seul. Elle avait peur, mais elle t'a suivi quelques secondes plus tard. Elle t'a trouvé dans la chambre du vieux. Il était mort, et tu t'apprêtais à l'assommer, elle, avec une radio. Tu l'as forcée à aller dans le séjour, à s'asseoir, et tu as filé. L'histoire te plaît ?

— Un vrai conte de fées. Elle ne s'appelle pas Grayson, mais Ressner, Je cherchais son père, son vrai père, Jeffrey Ressner, le mec qui d'après moi essaie de faire chanter notre amie Mae West. Il était dans la maison. Elle a tenté de m'empêcher de le voir. Quand je suis arrivé dans la chambre, Grayson était déjà saigné. J'ai dit à Dolores d'appeler les flics et j'ai poursuivi Ressner, qui s'est tiré dans une Packard, plaques 1942 de Californie, numéro 3457. Je l'ai suivi jusqu'à ce que ma voiture rende l'âme. Merde, c'était un vrai suicide. Dolores essaie de protéger son dingue de père.

— Tu n'as pas vu Ressner tuer Grayson ? dit Phil en portant la main à son cou pour desserrer sa cravate, mais elle l'était déjà.

— Je n'ai même pas vu clairement Ressner quand il a filé dans la Packard.

— La Packard appartient aux Grayson, dit-il. Elle a disparu. Je vais dire à la police de l'Etat d'interroger Dolores. Je ne suis pas sur l'affaire, Toby. C'est du ressort de la police de l'Etat. Je pourrai les faire patienter un jour ou deux si Dolores ne se met pas à table, mais après il faudra que tu ailles les trouver. Tu crois qu'il va s'attaquer à Mae ?

— C'est un dingue, Phil. Je ne sais pas ce qu'il va faire, mais ça ne m'étonnerait pas. Tu peux la faire garder, pour plus de sûreté ?

— Si elle reste à son ranch, c'est hors de mon territoire. Et je n'ai aucune raison valable de le faire.

— Peut-être que je vais demander à Jeremy d'aller passer quelques jours de vacances au ranch jusqu'à ce que j'aie retrouvé Ressner, dis-je.

Phil baissa les yeux et acquiesça.

— Merde, Phil, c'est vachement déprimant. J'ai l'impression de me retrouver à la fête de Thanksgiving, quand on prolongeait la trêve juste assez longtemps pour faire un vœu avec l'os de la dinde. Moi, je souhaitais un micro Tris ou un million de dollars.

— Et moi, je souhaitais devenir flic, dit-il.

On se regarda en silence pendant encore deux

minutes, dans les piaillements de basse-cour qui venaient de l'autre côté de la mince cloison en bois. J'essayais de trouver une insulte qui galvaniserait Phil quand Seidman poussa la porte sans frapper.

— Le prisonnier de Veldu vient d'avoir un accident, dit-il d'une voix égale. Il est tombé dans la salle des interrogatoires. Evanoui. Il n'a pas l'air frais.

— J'arrive, dit Phil en repoussant sa chaise. Appelle l'hôpital. Demande l'ambulance, juste en cas.

— Déjà fait, répondit Seidman en refermant la porte.

Phil sortit sa bedaine de flic de derrière son bureau et fit un pas pesant vers la porte. Je me levai derrière lui.

— Phil, chuchotai-je, regarde les choses en face. Tu deviens trop vieux pour ce métier.

Son coude partit en arrière et me frappa à l'estomac, me coupant le souffle. Il me saisit par le cou avant que je m'écroule et mon visage se retrouva tout près du sien, plus près que ne l'étaient ceux de Veldu et du Mexicain.

— Ecoute-moi bien, frangin, siffla-t-il.

Je sentais le café matinal dans son haleine, je voyais la vie revenir dans ses yeux.

— Il y a une ligne qu'il ne faut pas dépasser. Tu viens de mettre le pied dessus. Maintenant, recule.

Il me secoua encore un peu et me remit sur mes pieds.

— Tu as deux jours. Je ne peux pas retenir les flics de l'Etat plus longtemps. Après, tu les auras aux fesses.

Il me lâcha et je reculai d'un pas, aspirant l'air et me tenant au mur pour ne pas tomber. Seidman entra et me considéra.

— Ça va ? dit-il.

— On ne peut mieux, haletai-je.

— Vous l'avez réveillé, dit Seidman, indiquant de la tête la direction que mon frère avait prise.

— Etonnant, hein, ce qu'on peut faire avec un peu d'amour fraternel et un peu d'acide sur la langue, crachotai-je en me tenant l'estomac.

Seidman me laissa et je sortis en titubant. La traversée de la salle de garde fut longue. Je ne voulais pas me tenir le bide, et je n'avais pas envie d'entamer une conversation sur les rations de sucre.

Je posai une main sur un bureau pour me reposer avant de faire la demi-douzaine de pas qui me séparaient encore de la porte. Il se trouve que c'était le bureau toujours propre et rangé de Cawelti, et sa voix pincée murmura à mon oreille :

— Otez vos pattes, ou il vous en manquera une à partir d'aujourd'hui pour taper vos rapports.

Je retirai ma main, le regardai, louchai en lui faisant une grimace à la Harpo Marx. Le visage de Cawelti vira au rouge, du beau rouge de betterave mûre des dessins animés de Walt Disney. Son holster se mit à palpiter rapidement, au rythme de son cœur, et il se leva.

Les deux femmes, celle à l'œil au beurre noir et celle au pansement sur l'oreille, plus le poivrot, s'arrêtèrent pour nous regarder. Je tournai le dos et marchai vers la porte, m'attendant à recevoir une balle, une autre indentation dans le crâne ou des dents dans le cou.

— Vous n'en avez plus pour longtemps, Peters, dit Cawelti.

— Paraît que votre ordre de mobilisation est dans la boîte, John. Vous nous manquerez à tous, dis-je en ouvrant la porte.

Et je sortis. Jusqu'à présent, la matinée s'annonçait bien, et la journée ne faisait que commencer. Quand j'arrivai devant le sergent de garde, Coronet parlait au matelot qui s'était réveillé.

— Je suis quand même capable de reconnaître Jean Harlow quand je la vois, disait le môme. J'ai vu tous ses films.

— Quand on est mort, on est mort, dit Coronet, raisonnable et mastiquant son chewing-gum. Je vous dis que c'est une question d'ambiance, fiston.

Je tendis au môme la plaquette de Dentyne que Coronet m'avait donnée à l'arrivée. Il me regarda avec méfiance, puis la prit en me remerciant.

La pluie avait cessé, mais pas pour longtemps. Je trouvai dans le coin un drugstore ouvert, m'assis au comptoir et mangeai des spaghetti milanaise et bu un Pepsi pour vingt cents. Il était tôt pour manger, mais mon estomac avait besoin de se remettre, et mon esprit avait besoin d'être stimulé.

La serveuse, qui écoutait Walter Winchell à la radio, s'arrêta le temps qu'il fallait pour me donner de la monnaie pour le téléphone, et je me mis au travail.

Mon premier appel fut pour Mae West.

Bibi ou Lolo répondit, et Mae West vint en ligne quelques secondes plus tard. Elle respira deux ou trois fois avant de panteler :

— Al-lô, Peters. Que puis-je faire pour vous, ou vice versa ?

— Vous pouvez rester chez vous quelques jours et inviter mon ami Jeremy à vous tenir compagnie jusqu'à ce que j'aie mis la main sur Ressner. Il devient un peu turbulent.

— Jeremy, c'est ce grand type ? demanda-t-elle.

— Lui-même.

— Je me ferai un plaisir de discuter un ou deux jours avec lui des subtilités de la vie. Envoyez-le-moi avec son pyjama et un livre coquin. Je suis en plein milieu d'un divorce, et rien ne me sera plus bénéfique que la compagnie d'un intellectuel.

— Je lui ferai la commission.

— Soyez prudent.

— J'essaie, dis-je en cherchant des pièces pour l'appel suivant.

— J'en doute, dit-elle en raccrochant.

Je contactai Jeremy à son appartement, le seul appartement du Farraday. Il n'aimait pas quitter l'immeuble, même le dimanche. Il travaillait à des poèmes pour sa prochaine anthologie, anthologie qu'il avait décidé de publier lui-même sur la presse portative d'Alice Palice, à qui il ferait cadeau d'un mois de loyer. Mais il accepta tout de suite de passer quelques jours à garder Mae West.

— Je crois qu'Alice a le béguin pour toi, Jeremy, dis-je en comptant les pièces qui me restaient.

— Elle n'est pas sans charme, dit-il. C'est une femme qui ne dissimule rien.

— Et Mae West ?

— Il existe un art de dissimuler où elle est passée maîtresse, dit-il avec le plus grand sérieux. Je viens de retravailler un de mes derniers poèmes pour un recueil. Tu veux l'entendre ?

— Evidemment, dis-je, debout dans une cabine de drugstore, l'estomac douloureux et plein de spaghetti et la tête pleine d'inquiétude au sujet de mon cinglé en cavale.

Mais ça me faisait vraiment plaisir d'entendre son poème, quoique en général je n'entrave rien aux poèmes de Jeremy. Ils ont quelque chose d'apaisant, comme les berceuses.

Quand le tueur rouge toussa,
je ris
et l'avertis que l'air de la nuit
n'était pas sa tanière.
Ses yeux de feu rencontrèrent les miens
et firent un signe
m'apprenant que je ne savais pas quelles voies subtiles
le dédale d'un dieu décadent
posait dans les corridors du temps
à l'aide des acolytes du mime.
Respecte ce que tu ne comprends pas

et plie ou romps,
rota-t-il, et il avait raison.
J'embrassai la nuit.

— Magnifique, Jeremy, dis-je.

— C'est mieux si on a lu Emerson, dit-il avec sérieux.

— C'est mieux, convins-je.

— Il faut que je le retravaille un peu, dit-il.

— Un peu, admis-je. Peut-être que Mae West te donnera des idées.

Je demandai à la standardiste de me passer le numéro inscrit sur la carte de Winning. Pas de réponse. Je lui dis d'insister. Pas de réponse. Je retournai au comptoir et pris un café et un beignet rassis, en bavardant avec la serveuse de la pluie et du beau temps, et de sa sœur qui se faisait beaucoup de fric dans un chantier naval. J'eus le tact de ne pas demander si elle travaillait sur le chantier ou sur les ouvriers du chantier.

— J'irais bien au chantier moi aussi, mais je n'ai pas le physique, me confia-t-elle.

Elle ressemblait un peu à un œuf coiffé de cheveux longs. On écouta Walter Winchell blablater sur la pénurie de caoutchouc et la possibilité qu'Hitler demande l'armistice. Puis je m'excusai pour aller rappeler Winning. Il répondit à la dixième sonnerie.

— Docteur, dis-je, nous avons un problème.

Je lui parlai de Grayson et lui dis que je recherchais Ressner. J'ajoutai que le dossier de Ressner ne contenait pas assez de renseignements pour me permettre de travailler. Il commença par se faire du mouron pour le paiement de sa facture, maintenant que Grayson était mort, puis il m'apprit quelques petites choses qui me serviraient peut-être.

— Il s'agit d'informations confidentielles recueillies au cours d'une séance d'analyse, dit-il en hésitant avant de continuer. Mais étant donné les circonstances, je pense...

— Moi aussi, dis-je. Ma monnaie s'épuise. Accouchez.

— La plus récente obsession de Ressner avait pour cible Miss West, Cecil B. De Mille et Richard Talbott, l'acteur.

— Je sais qui est Talbott, dis-je, alignant mes dernières piécettes en espérant qu'il allait arriver au cœur du problème. Me conseillez-vous de contacter De Mille et Talbott ?

— Je vous informe, dit Winning. Je suppose que Mme Grayson voudra que son mari continue à jouir des soins que demande son état.

— Ça me semblerait raisonnable, dis-je, et d'autant plus qu'il vient d'assassiner son mari actuel, la précipitant dans une mer dorée de pisse de caniche.

— Vous savez ce que Freud a dit de la scatologie, monsieur Peters ?

— Non, dis-je, mais je vais le savoir si je ne raccroche pas. Suis-je toujours sur l'affaire ?

— Oui. Tenez-nous au courant journellement, moi ou ma secrétaire.

— Ce sera fait, acquiesçai-je juste au moment où la standardiste me redemandait dix cents.

Je raccrochai, sortis et laissai un pourboire de dix cents à la serveuse en forme d'œuf qui rêvait de chantiers navals.

Je savais où j'allais passer l'après-midi, mais j'avais encore une visite à faire le matin. Je pouvais aller voir De Mille ou Talbott. Je me décidai pour De Mille parce que je savais où il habitait. C'était le secret de Polichinelle. Sa maison faisait partie de toutes les visites guidées d'Hollywood depuis 1915 ou 1916. Je l'avais vue avec mon vieux quand j'étais gosse, lors d'une de nos rares excursions.

Je pris un taxi et arrivai chez De Mille avant midi. Grande bâtisse blanche de style espagnol, avec velum au-dessus des fenêtres du rez-de-chaussée, et des portes-fenêtres partout, faciles à casser d'un coup de savate.

Je remarquai qu'il y avait plein de buissons luxuriants pour se cacher derrière. Le tonnerre se remit à gronder, et je filai vers la grille au petit trot pour battre la pluie de vitesse et protéger mon dernier costard. Un homme courait vers moi dans l'allée, pour me barrer le chemin, tenant d'une main un casque métallique et rond sur sa tête. Il avait, je le voyais à cette distance de vingt mètres, dans les soixante ans, et commençait à bedonner, mais il gardait un dos d'une raideur toute militaire.

— Et où allez-vous comme ça, jeune homme ? me lança la voix radiophonique et familière.

— Je viens vous voir, monsieur De Mille, dis-je.

Il s'arrêta à quelques pas de moi, ôta son casque et me regarda. Il était en chemise blanche, avec veste de popeline marron et pantalon assorti.

— J'ai bien peur... dit-il, du même ton qu'au Lux Radio Theater quand l'émission approchait de sa fin.

— Moi aussi, le coupai-je en vitesse. Je m'appelle Peters, Toby Peters. Je travaille pour le Dr Robert Winning, et je suis ici au sujet d'un de ses patients qui s'est évadé de l'Institut Winning, un certain Jeffrey Ressner dont vous vous souvenez peut-être.

— Si je m'en souviens ! dit De Mille en tambourinant sur son casque. Je vous en prie, entrez donc avant que la pluie ne recommence. Je partais faire ma ronde. Je suis chef de la défense passive dans ce secteur, mais ça peut attendre.

On entra dans l'immense maison par une porte latérale, juste comme la pluie se remettait à tomber. Il me précéda et, passant des portes en verre, je le suivis dans une sorte de bureau. Il y avait un parquet en bois et une espèce de fourrure d'un animal indéterminé, qui semblait perdue au milieu. Il y avait aussi deux vieux canapés et un fauteuil. Tous en cuir et tous d'un marron si foncé qu'ils auraient mieux fait d'être noirs. Gadgets variés sur des étagères tout autour de la pièce. Je reconnus un globe en fil de fer, mais pour les autres, mystère. L'un d'eux ressemblait à une guillotine miniature. De Mille posa son casque, s'appuya contre le bureau et me regarda. Il s'empara d'un bout de pierre carré, vert et bien poli, le frotta du pouce et me regarda encore.

— Eh bien, monsieur Peters, quel est le problème concernant M. Ressner ? Asseyez-vous, je vous en prie.

Je m'assis sur un canapé pour rester face à lui. Il avait des cheveux blancs très clairsemés, et le sommet chauve de son crâne plein de taches de rousseur. Il avait aussi un bronzage sain et réussi et des yeux qui n'arrêtaient pas de sonder l'interlocuteur.

— Ressner s'est évadé et semble bien avoir tué un homme, dis-je.

— Tiens, tiens, fit De Mille, sans ciller.

— Egalement, il a harcelé Mae West sans arrêt ces temps-ci, repris-je, et il y a, bien entendu, quelque chance qu'il se mette en tête de vous rendre visite. Il n'est pas encore venu, n'est-ce pas ?

De Mille posa sa pierre, alla toucher le globe métallique, et dit clairement de cette voix qui sonnait presque britannique :

— Pas depuis plus de cinq ans. Et la dernière fois, il est sorti de sous la table du dîner pour se mettre à divaguer sur son désir de jouer le Christ dans un de mes films. Je l'ai amené ici pour l'éloigner de ma famille, et je l'ai occupé jusqu'à l'arrivée de la police. Il a pris cela pour une trahison.

— Et vous n'avez plus entendu parler de lui depuis ?

— Je viens de vous le dire, fit De Mille avec un poil d'irritation. En fait, cet homme possédait un talent brut et incontrôlé qui aurait pu très bien rendre au cinéma.

S'il m'avait contacté, de préférence par l'intermédiaire d'un imprésario, j'aurais pu l'utiliser. Pas pour jouer le Christ, mais un fou quelconque. Dites-moi, jeune homme, avez-vous jamais joué la comédie ?

— Pas en professionnel, dis-je.

— Intéressant, répliqua De Mille en me fixant avec attention. Je suis en train de préparer un film sur le Dr Wassel. Vous connaissez ? Le Président a parlé de lui à la radio le mois dernier.

Je dis que non, et De Mille continua :

— C'est un grand héros inconnu de cette guerre. Il y a beaucoup de héros dont on ne connaîtra jamais l'histoire.

— Je voudrais faire surveiller votre maison par la police, dis-je. Juste en cas.

De Mille sortit de ses rêves sur le Dr Wassel et me regarda d'un regard qu'il réservait sans doute à ses assistants insubordonnés.

— Bien que je ne sois peut-être plus un jeune homme, dit-il, j'ai reçu une formation militaire et je suis sûr d'être capable de nous protéger, moi et les miens. Je ne suis ni un idiot ni un lâche, monsieur Peters, et prendrai toutes les précautions qui s'imposent. S'il le faut, je ferai surveiller la maison par des gardes de la Paramount pendant mes absences.

— Bonne idée, dis-je. Frank McConnell connaît son boulot.

— En effet, acquiesça De Mille avec intérêt. Vous connaissez bien le système de sécurité du studio.

— J'en ai fait partie autrefois, dis-je. Qui sont vos voisins les plus proches ?

— Je n'en ai qu'un, dit De Mille en regardant vers la fenêtre. W. C. Fields habite la maison voisine. Nous ne sommes pas spécialement liés, quoique en bons termes. Il y a eu une tragédie concernant l'un de mes petits-enfants et sa piscine. Ce n'était pas sa faute, mais il est quand même pénible...

— Désolé, dis-je.

— Je tiens à vous préciser que je n'ai pas l'habitude de parler de ma vie ou de mes sentiments à des étrangers, reprit-il en cherchant quelque chose pour occuper ses mains nerveuses. Toutefois, je suis très attaché à ma famille et je ferai tout ce qu'il faudra pour la protéger. Et, bien entendu, je prendrai des renseignements sur vous.

— Je vous en prie, dis-je. Demandez à Mae West, ou au lieutenant Phil Pevsner, Brigade criminelle du commissariat de Wilshire, ou même à Gary Cooper. Il a joué pour vous, et moi j'ai travaillé pour lui l'année dernière [1].

— Je n'y manquerai pas, dit De Mille en se rapprochant d'un pas. Mercredi matin, je donne une réception à la Paramount pour vendre des bons du Trésor destinés à financer la guerre. Si vos références sont bonnes, je vous invite, et nous pourrons discuter de vos progrès dans cette affaire.

Il secoua la tête en me reconduisant à la porte du bureau.

— Le monde entier est en folie, et nous n'avons certainement pas besoin d'un fou de plus, dit-il. Peut-être que vous pourrez retrouver ce Ressner et qu'il sera possible de le faire soigner. Dieu sait que nous ne pouvons pas nous passer du soutien de nos frères les hommes. Personne n'est parfait. Je vais vous raconter une petite histoire.

La pluie s'était calmée mais pas arrêtée. Il alla à son bureau, décrocha et demanda qu'on amène la voiture devant la porte du bureau. Puis il revint à moi.

— L'Académie du Cinéma n'a jamais jugé bon de

1. *Pour qui sonne le clap*, 10/18, n° 2858.

m'accorder l'Oscar du meilleur réalisateur, dit-il. Mais ils m'ont quand même demandé de présenter le prix de l'année dernière à John Ford, pour sa magnifique et touchante réalisation de *Qu'elle était verte ma vallée*. L'un des invités d'honneur était l'ambassadeur de Chine, pays que nous plaignons tous pour ce qu'il supporte de l'envahisseur japonais. J'ai donc présenté l'ambassadeur, avec l'émotion que provoquait en moi l'honneur de sa présence, et j'ai conclu en disant : « Mesdames et messieurs, Son Excellence l'ambassadeur du Japon. » J'ai corrigé mon erreur trop tard, et l'ai aggravée ce même soir pendant la présentation de John Ford, qui est capitaine de frégate, et à qui je me suis adressé en l'appelant commandant Ford. En rentrant ce soir-là, ma femme a remarqué : « Eh bien, Cecil, tu as fait enfin quelque chose dont Hollywood se souviendra. » Avec le recul, je m'amuse maintenant de ces incidents, mais j'aimerais quand même beaucoup faire quelque chose dont Hollywood se souvienne, peut-être un tribut à nos combattants, tribut auquel je pourrai d'autant mieux me consacrer que notre M. Ressner me laissera en paix.

Il me conduisit à la porte et l'ouvrit. Une voiture s'avança et De Mille me serra la main.

— Le chauffeur vous conduira où vous voudrez, dit-il. Soyez prudent, et tenez-moi au courant.

— Puis-je suggérer que vous fermiez ces portes à clé ? dis-je en sortant sous le crachin.

— Est-ce que cela servira à quelque chose ? dit-il avec un sourire.

— Sans doute pas, dis-je en haussant les épaules. Mais nous ne tenons pas à faciliter la vie à nos ennemis.

— En effet, acquiesça De Mille avec un sourire sincère. Je les fermerai.

Le chauffeur me conduisit à mon bureau. Le Farraday était sombre et raisonnablement silencieux pour un dimanche après-midi. J'ouvris la porte de la rue avec ma clé personnelle et traversai le hall obscur en essayant de concentrer mon esprit sur Ressner et l'affaire, mais sachant qu'il s'intéressait à autre chose. Je montai l'escalier dans une obscurité presque totale et cherchai la serrure de notre bureau, à Shelly et à moi. A l'intérieur, j'allumai et écoutai mes pas résonner sur le sol.

Un message était épinglé sur ma porte. Je l'arrachai et lus ce que Shelly avait griffonné à mon intention : « Qu'est-ce que tu penses de ça ? »

« Ça », c'était une annonce découpée dans un journal. Quelques lignes sur une colonne, pas plus, couronnées par le dessin d'une dent dont partaient en tous sens des lignes comme celles que font les gosses pour suggérer le soleil. L'annonce disait :

Dr Sheldon Minck, chirurgien-dentiste.
Travaux dentaires sans douleur.
C'est un devoir patriotique que d'avoir une bouche saine.
Reçoit uniquement sur rendez-vous.
Prix très raisonnables pour tous.
Remises pour les soldats et leurs familles,
les employés municipaux et les personnes âgées.

L'annonce se terminait par notre adresse et notre numéro de téléphone. J'entrai dans mon bureau et jetai l'annonce sur ma table.

J'avais le numéro des Grayson à Plaza Del Lago, et je tentai ma chance. Ça sonna, et sonna, et sonna, mais je tins bon. Enfin, une voix mâle, sérieuse et tremblotante répondit :

— Résidence Grayson.

— Miss Ressner, s'il vous plaît, ou Miss Grayson, si elle préfère, dis-je.

— Vous êtes journaliste ? reprit la voix de basse tremblotante.

— Non, je suis un suspect. Je m'appelle Peters. Transmettez le message, cow-boy, et laissez-la décider.

— C'est vous qui avez tué Harold, cracha-t-il.

— Je n'ai pas tué Harold, ni personne d'autre. Passez-moi Dolores et retournez vaquer. C'est moi qui paye, n'oubliez pas.

Il posa bruyamment le combiné, et j'attendis. Par la fenêtre, je vis le soleil risquer un œil derrière les nuages, mais ce qu'il vit ne lui plut pas et il redisparut aussitôt. Dolores vint en ligne.

— Allô, dit-elle, pleine d'assurance.

— Avez-vous l'intention de leur dire la vérité un de ces jours, ou allez-vous me laisser le meurtre de votre père sur le dos ? dis-je, suave.

— Je ne sais pas de quoi vous parlez. Vous...

— La police de Los Angeles et moi, nous allons retrouver votre vieux, et ça ne sera pas long. Nous en avons assez pour l'inculper, avec l'heure de la mort précisée par le médecin légiste, les questions sur la Packard volée et ses empreintes digitales sur le couteau.

— Il n'y avait pas d'empreintes sur le couteau. La police a dit...

Quelqu'un la conseillait par-derrière, mais elle fit taire la personne.

— Peut-être pas, convins-je. Mais si vous persévérez dans vos déclarations, quand nous coincerons votre vieux et le ferons avouer, vous risquez d'être inculpée comme complice de meurtre. Ma journée est mauvaise, ma décennie aussi peut-être, et je suis d'humeur à piétiner quiconque contribue à aggraver la situation. Il pleut ici. J'ai perdu ma voiture. Je n'ai pas d'argent, et je suis en rogne, ma petite. Si vous voulez aller en taule avec votre vieux, c'est votre affaire.

— J'y penserai, dit-elle, faiblissant un peu.

— Alors, pensez en vitesse, dis-je. Si je l'attrape avant d'avoir de vos nouvelles, il sera trop tard.

Je lui donnai mon numéro de téléphone et raccrochai.

Je ne pouvais plus faire grand-chose pour repousser l'échéance redoutée. J'ai toujours un rasoir Gillette dans mon dernier tiroir. Je m'étais déjà rasé le matin, mais je ne voulais rien laisser au hasard. Je l'emportai jusqu'à l'évier de Shelly, avec une brosse à dents déplumée. Il y avait des tas d'échantillons de pâtes et de poudres dentifrices dans le cabinet. Je choisis une boîte bleu et blanc du Dr Lyon's.

L'évier était plein à ras bord de vaisselle sale, et une araignée s'affairait diligemment à tisser sa toile. Je l'assassinai et posai mon rasoir et ma brosse à dents. J'ôtai mon veston, roulai mes manches et me mis au travail. Avec de la poudre dentifrice en guise de savon, dix minutes plus tard, tasses et assiettes brillaient comme des sous neufs. J'envisageai de nettoyer tout le local, consultai ma montre qui ne m'apprit rien, et décidai que je ne pouvais pas glander davantage si je voulais arriver dans les temps.

Je me rasai, m'essuyai avec une serviette raisonnablement propre, me brossai les dents et rinçai sous l'eau chaude le dentifrice durci au bas des poils. A ce moment, on frappa à la porte du palier.

— Entrez ! gueulai-je.

Et il entra. Un mètre quatre-vingts, cheveux blonds et courts, lunettes, complet classique et petite serviette sous le bras. Il avait l'air d'une jeune vedette qui monte, du genre qu'on s'attend à voir debout près de Robert Taylor dans la bataille du Pacifique.

— Monsieur Peters ? demanda-t-il en entrant.

Je lui dis que c'était bien moi, entrai dans mon bureau et lui indiquai la chaise en face. Il s'assit, ajusta ses lunettes et sa cravate et me regarda.

— Je sais ce que vous êtes en train de penser, dit-il.

J'étais en train de penser que si c'était un client assez inquiet pour venir me chercher un dimanche, j'allais faire de mon mieux pour lui soutirer une provision raisonnable et laisser son affaire mariner quelques jours.

— Vous vous demandez pourquoi je ne suis pas mobilisé, dit-il. C'est parce que j'ai un ulcère du côlon.

— Désolé pour vous, monsieur...

— Gartley, termina-t-il en fouillant dans sa serviette et en sortant quelques papiers.

— Que puis-je faire pour vous, monsieur Gartley ? demandai-je en croisant les mains sur mon bureau et en prenant mon air le plus professionnel.

— Quoique je ne sois pas à l'armée, reprit Gartley, trouvant les papiers qu'il cherchait, je me consacre à un travail essentiel pour la défense nationale. Que faut-il pour faire la guerre ?

— Des hommes, des canons, des ennemis, répondis-je.

— De l'argent, monsieur Peters, dit-il en secouant ses papiers dans ma direction. De l'argent. Et j'aide à en trouver.

— Vous recueillez des fonds, vous vendez des bons du Trésor ? supputai-je.

Il secoua la tête.

— Nous vous avons écrit plusieurs fois, mais vous n'avez jamais répondu, dit-il, du ton dont on parle à un môme qui n'a pas fini ses petits pois.

— Nous ? m'étonnai-je.

— Les Services des impôts sur le revenu, dit-il tristement. Vous devez de l'argent au gouvernement. Vos déclarations étaient, dans le meilleur des cas, lamentables.

— Je n'ai jamais reçu vos lettres, dis-je, cherchant quelque chose pour m'occuper les mains.

Je trouvai un porte-mine Eversharp qui ne marchait plus depuis des années.

— Possible, mais peu vraisemblable. D'après nos

dossiers, vous n'avez gagné que mille huit cent soixante-sept dollars en 1941. Est-ce vrai ?

— C'est vrai.

— Pardonnez-moi, monsieur Peters, mais c'est un peu difficile à croire.

— Je vous pardonne. Et j'abonde dans votre sens. C'est en effet difficile à croire. Regardez autour de vous. J'ai un bureau luxueux dans un quartier chic, j'ai toujours la voiture dernier modèle, j'ai une table réservée en permanence chez Ciro's et Chasen's, et je réside au milieu des stars. Passez plus tard à mon domicile. Les domestiques nous prépareront un pique-nique dans le patio.

— Vous êtes sarcastique, dit Gartley sans sourire.

— J'essaie. Bon, qu'est-ce que vous voulez ?

— Nous voulons une liste détaillée de tous vos biens, et des renseignements plus complets sur votre train de vie.

Il me tendit environ sept pages de formulaires pleines de lignes et de points, portant toutes dans le coin supérieur droit : « Service des impôts sur le revenu. »

— Et si je n'obtempère pas ?

— Vous serez poursuivi pour obstruction à l'action du gouvernement fédéral. En temps de guerre, ça peut être une accusation sérieuse.

— Je n'ai pas d'argent, dis-je, me levant et retournant mes poches, ce qui fut une erreur car j'avais de la petite monnaie qui s'envola.

Gartley connaissait le numéro. Il se contenta de me regarder, rajusta ses lunettes et remit les papiers dans sa serviette.

— Il nous est difficile de croire, dit-il d'une voix égale tandis que je me rasseyais sans me soucier de rentrer mes poches, qu'un homme ayant les clients que vous avez eus l'année dernière, et qui font partie de nos concitoyens les plus célèbres et fortunés, puisse avoir un revenu si bas.

— Je vais vous expliquer, dis-je en tourmentant si fort mon Eversharp que le petit bouton du bout finit par jaillir. Avec de la chance, je travaille peut-être un mois ou deux par an sur des affaires qui payent raisonnablement bien. Ce qui me prend entre quatre et huit semaines. Le reste du temps, je fais des petits boulots intermittents à des inaugurations de magasins, dans des hôtels, pour payer mes dettes. Je gagnais plus quand j'étais garde ou flic.

— Alors, remarqua Gartley avec sagesse en se levant, pourquoi ne retournez-vous pas à l'un de ces métiers ?

— J'aime ce que je fais, dis-je.

Gartley regarda autour de lui, haussa les épaules et dit :

— Vous avez une semaine pour renvoyer ces papiers. Vous pourriez, et sans doute devriez, nous adresser un paiement de cent dollars, en gage de bonne foi, qui vous seront rendus si la conclusion de notre enquête va dans ce sens.

— Je n'ai pas cent dollars. Je n'ai pas un complet présentable. Je ne suis pas certain de pouvoir payer mon prochain loyer, et j'ai besoin de chaussettes.

Gartley hocha la tête et sortit. Je regardai ses formulaires qui me flanquèrent la migraine. J'envisageai de les remplir pendant que j'y étais, mais mon Eversharp ne marchait pas, et je ne parvins pas à trouver un crayon. De plus, j'avais autre chose en tête.

Il pleuvait. Peut-être que je ne trouverais pas de taxi. Peut-être que je ne pourrais pas arriver à temps. Peut-être que j'aurais dû travailler sur mon affaire, aller voir Mae West, me rendre chez Talbott.

Assez. J'éteignis la lumière et me dirigeai vers la porte. Les bourdonnements du Farraday m'assaillirent et je descendis lentement. Le temps que j'arrive à la porte de la rue, la pluie avait de nouveau cessé. Les rues étaient humides et un taxi croisait à environ cinq à l'heure. Je sortis et le hélai. Il tourna paresseusement et se rangea devant moi.

Je montai et lui donnai l'adresse. Je n'avais pas de cadeau. J'avais donné Alcatraz à Phil. J'aurais pu m'arrêter dans un drugstore ou chez un fleuriste, mais merde. Quoi que j'apporte, ça ne lui plairait pas. Qu'est-ce qu'on donne à son ex-femme quand elle se marie ? Un baiser d'adieu, voilà ce qu'on lui donne.

Nous aurions dû mettre vingt minutes jusqu'au *Beverly Wilshire*. Et on les mit peut-être, mais j'eus l'impression que ça ne prenait que cinq minutes. Je sortis devant l'hôtel, payai le chauffeur et entrai. Le portier sourit quand je demandai où avait lieu le mariage Howard. De sourire en sourire, j'arrivai enfin dans la salle. C'était grand. C'était riche. C'étaient Howard et la TWA.

La cérémonie avait déjà commencé. Une soixantaine de personnes, assises, regardaient. Anne portait un tailleur marron, sa couleur préférée, et Ralph était en complet marron assorti. Ses cheveux blancs avaient la douceur Vitalis quand il lui passa la bague au doigt.

Je n'arrivai pas à déterminer à quelle secte protestante appartenait l'officiant. Aucune importance. C'était légal et c'était terminé. Ralph l'embrassa, et ils se tournèrent vers leurs invités. Anne avait les yeux humides, et elle m'aperçut à la porte. Elle me fit un petit sourire, et je souris en retour en hochant la tête.

Je ne perds pas ma Buick et ma femme toutes les vingt-quatre heures. Peut-être qu'en y mettant le paquet, je pourrais perdre ma santé et ma vie au cours des vingt-quatre suivantes. Quelque chose toucha ma manche. Je regardai à mon côté, mais ne vis personne. Alors, je baissai les yeux et je vis Gunther.

— J'ai pensé, dit-il, que vous aimeriez avoir un ami intime près de vous.

CHAPITRE VI

Une femme en robe d'un violet pisseux se précipita vers l'heureux couple, jeta les bras au cou de Ralph, riant et pleurant à la fois. D'autres se joignirent à elle avec plus de réserve, pour congratuler Ralph et Anne, qui avait le regard fixé dans le vague, avec un sourire aimable dans ma direction.

Je voulais croire qu'il s'agissait d'un regard de regret et de nostalgie. Je savais qu'il s'agissait plutôt d'appréhension. Une scène n'était pas impossible, mais je n'en avais pas prévu. Je ne pensais qu'à m'apitoyer sur moi-même, donner des remords à Anne, et irriter Ralph si l'occasion se présentait.

Anne s'excusa et traversa la petite foule dans ma direction. Belle et épanouie, elle me prit la main avec un sourire. Gunther disparut douze pas derrière.

— Qu'est-ce que tu mijotes, Toby ?

Je voyais que son sourire était figé et artificiel.

— Ce que je mijote ? dis-je avec innocence. Rien. Tu m'as invité. Je suis venu.

— Pourquoi as-tu amené un nain ? murmura-t-elle.

La dame en violet avait quitté le groupe assemblé autour de Ralph et vint prendre le bras d'Anne en s'exclamant :

— J'espère que vous serez heureuse avec Ralph, très heureuse ! Il le mérite.

— Gunther n'est pas un nain, expliquai-je. C'est une personne de petite taille, et c'est mon ami. Je lui ai parlé du mariage, et il a pensé qu'il me faudrait un ami près de moi.

Anne regarda l'impeccable Gunther, puis moi. Un serveur aux yeux rouges et au nez qui coulait nous présenta un plateau. Anne prit un verre, but une gorgée, en renversa un peu et eut un rire cristallin.

— Ne viens pas me faire honte ici, Toby. Surtout pas.

Par-delà le sourire, la menace était évidente. Je me demandai de quoi elle pouvait bien me menacer.

— Tu veux dire, fis-je en attrapant une poignée de petits sandwichs mollets avec quelque chose de vert à l'intérieur sur un plateau qui passait à ma portée, que tu ne m'inviteras pas à ton prochain mariage ?

J'avalai un ou deux sandwichs, me retournai pour regarder Gunther qui acceptait un verre d'un serveur accroupi, et j'entendis Anne qui disait :

— Je crois que tu ferais mieux de m'embrasser et de sortir de ma vie une fois pour toutes. Je t'ai invité pour une seule raison, pour que tu comprennes que tu ne fais plus partie de...

Ralph s'était écarté de son cercle d'amis et, rayonnant, était venu se placer près d'Anne et me regardait d'un drôle d'air.

— Ralph, dit-elle, légèrement pincée, levant la main pour lui enlever une miette au coin de la bouche, je te présente Toby.

Le sourire sincère de Ralph ne faiblit pas. Il tendit la main droite et serra vigoureusement la mienne. J'avalai mon dernier sandwich.

— Je suis content que vous soyez venu, Toby, dit-il d'une belle voix de baryton. Anne m'a raconté des tas de choses sur vous, presque toutes sympathiques. Je vous admire à bien des égards.

— Merci, dis-je en essayant de ne pas prendre un ton boudeur.

— Ne vous ai-je pas vu... commença-t-il.

— Dans le hall, devant chez Anne, il y a quelques mois, dis-je. Nous venions de baiser quand vous avez sonné. J'ai été obligé d'enfiler mon froc en vitesse et de filer en courant.

Ralph secoua la tête et entoura de son bras les épaules d'Anne. Ses cheveux étaient parfaits. Il se faisait sûrement coiffer chez Westmore.

— Pourquoi parlez-vous comme ça, Toby ? Vous permettez que je vous appelle Toby ?

— Bien sûr. Vous permettez que je vous appelle monsieur Howard ?

— Toby, soupira Anne, va-t'en maintenant, je t'en prie.

Les gens n'arrêtaient pas d'interrompre la conversation pour les congratuler ou leur souhaiter une heureuse lune de miel. Je croisai les mains devant moi et essayai de ne pas me conduire comme un con, mais c'était sans doute soir de pleine lune, et je voulais partir avec les honneurs de la guerre.

— Howard ? dis-je. Je crois que c'est le nom des Trois Petits Cochons. Vous êtes parents ?

Ralph me regarda comme un jeune chiot qu'on vient de surprendre en train de pisser sur le tapis neuf. Et c'est exactement l'impression que j'avais aussi.

— Toby, sanglota Anne en serrant la main de Ralph.

— Ça suffit, dis-je. Arrêtons les frais. Je m'excuse. Je suis un mauvais perdant. Je m'en vais. Si vous avez jamais besoin... Enfin, si.

Je soupirai, haussai les épaules et me retournai pour partir. Gunther, qui n'attendait qu'un signe de moi, posa son verre presque vide et s'approcha.

— Toby, dit Anne à voix basse, ne fais pas de bêtises.

Je levai la main droite et lui fis au revoir. Pas mal comme sortie. Tragique, les épaules basses. Je me sentais mieux. La dame en violet m'attrapa à la porte et m'embrassa sur la joue.

— Votre sœur est ravissante, sanglota-t-elle.

— Exact, dis-je en me hâtant de sortir, Gunther à mon côté.

On rejoignit la voiture de Gunther sans un mot, et on ne parla pas pendant les cinq premiers blocs.

— Il a l'air bien, essaya enfin Gunther.

— Exact.

— Vous ne voulez pas qu'elle soit heureuse ?

— Je ne sais pas.

On garda le silence pendant quatre autres blocs, puis je dis :

— Si, je veux qu'elle soit heureuse.

— Ce qui signifie ? insista Gunther.

— Que je les laisserai tranquilles.

J'essayai de persuader Gunther de s'arrêter pour manger des tacos. Je voulais noyer mon chagrin dans une demi-douzaine de tacos et une dame-jeanne de Pepsi. Gunther accepta, mais ne parvint pas à cacher sa répugnance. Pas tellement pour les tacos que pour les endroits où j'aime les manger. Je lui dis de ne plus y penser, et on rentra à la pension où on fit dans ma chambre un repas préparé par Gunther : sandwichs au thon et au fromage, arrosés d'une bouteille de vin que Gunther gardait depuis Noël.

Gunther écouta mon récit au sujet de Ressner et du meurtre de Grayson, et remarqua que si le soleil se montrait, ma vision du monde et de la vie s'en trouverait améliorée.

Ma vision ne fut pas améliorée par la vue de Mme Plaut, se ruant dans ma chambre avec un nouveau chapitre de l'interminable histoire de sa famille.

Mme Plaut était convaincue que j'étais éditeur, et exterminateur à mes moments perdus. Elle ne savait pas exactement si j'exterminais les rats, les souris, les cafards, les humains ou le tout. D'ailleurs, elle s'en foutait, pourvu que je lui paye mes quinze dollars de loyer par mois, que je lise son manuscrit et que je ne détruise pas son ameublement. Elle avait, au cours de l'année écoulée, ôté de ma chambre presque tous les napperons, photos et objets faits à la main pour les protéger contre la procession d'individus divers qui me rendaient visite.

— Monsieur Gunther, monsieur Peelers, dit-elle d'un ton très affairé.

Elle serrait ses pages sur sa poitrine inexistante et fit la moue avant de déposer le précieux chapitre sur le coin de la table où nous mangions.

— L'attaque indienne de la cousine Dora, dit-elle en tapotant les feuillets.

— La cousine Dora a été attaquée par les Indiens ? dis-je, compatissant.

— La cousine Dora a attaqué les Indiens, corrigea-t-elle. Tout est là-dedans. Certaines personnes de la famille, spécialement l'oncle Tucker, dirent que les Indiens ne l'avaient pas volé. D'autres adoptèrent un autre avis.

— Vraiment, dis-je, finissant le vin de fête et tendant mon verre à Gunther pour qu'il le remplisse.

— Dora, comme vous devez le savoir, n'était pas une cousine par le sang mais par alliance. Je vous laisse le soin de décider vous-même.

Elle resserra sa robe de chambre autour d'elle et son regard tomba sur la bouteille presque vide.

— Voudriez-vous un petit verre de vin, madame Plaut ? demandai-je galamment.

— Non, dit-elle, mais je prendrais bien un petit verre de vin.

Gunther descendit de sa chaise, trouva un verre raisonnablement propre et versa. Mme Plaut but, cul sec.

— Vos suggestions et commentaires seront, comme toujours, fort appréciés, dit-elle, et elle sortit.

Quelques minutes plus tard, Gunther alla se coucher. Je lavai la vaisselle, vidai la bouteille, fis la course avec M. Hill, le comptable, pour arriver avant lui à la salle de bains communautaire, perdis et retournai dans ma chambre lire l'histoire de la cousine Dora.

Oh ! s'exclama la cousine Dora, ou quelque chose d'approchant dont je ne me souviens plus exactement, les Indiens arrivent. Et ils arrivaient en effet, bande débraillée de cinq ou six individus de la région de Yuma. Ils venaient tous les samedis troquer peaux et bouteilles vides contre ce que l'oncle Tucker voulait bien leur donner et qui ne valait pas grand-chose, mais il faut dire que les peaux non plus. L'oncle Tucker pensait qu'il ne s'agissait pas de peaux de renards, mais d'animaux d'un moindre prestige. En fait, à son avis, certaines provenaient sans doute des vaches disparues de la ferme des Granger, qui habitaient l'autre versant de la montagne.

Etranges créatures que les vaches. Tout récemment encore, une vache qui avait perdu la raison reçut du Président Roosevelt, pour la guérir, une provision spéciale de sucre.

Donc, les Indiens franchirent la porte, pas très fiers d'eux, car ils n'avaient pas une seule bouteille et très peu de peaux.

L'oncle Tucker accepta de les leur troquer contre un cochon, mais pas le cochon nommé Homère avec qui la cousine Dora avait journellement de longues conversations, mais contre un autre cochon sans nom, et qui aurait peu de chance d'être baptisé après l'échange. Les Indiens chicanèrent et marchandèrent comme ils le faisaient toujours avant de conclure un marché et partirent enfin, mais avant de sortir, l'un d'eux fit, ou ne fit pas, une remarque égrillarde à l'adresse de la cousine Dora, qui était particulièrement séduisante pour les Indiens parce qu'elle était grosse, et que certains Indiens aiment les femmes grosses, mais pas effrontées. Or, la cousine Dora était effrontée. Moi, j'aurais simplement pensé que l'Indien faisait un compliment en l'air, mais ce ne fut pas l'avis de la cousine Dora. Elle l'invita à dîner, et il accepta parce qu'il ne voulait pas perdre un repas gratuit, quoiqu'il se fût peut-être ravisé s'il avait connu la cuisine de tante Jessica, qui ne faisait pas la meilleure cuisine de la famille tout en étant sans doute convenable dans les limites de l'Arizona. Les autres Indiens s'en allèrent et, après dîner, celui-ci voulut partir aussi, mais il était considérablement plus petit que la cousine Dora, et mon oncle n'avait pas assez de caractère pour se quereller avec elle.

« Je ne discute jamais avec Dieu ou avec la cousine Dora », disait-il souvent, parfois sans aucune raison, mais cette fois il en avait une. L'Indien essaya de s'enfuir, mais en vain. Dora l'obligea à s'asseoir et lui expliqua son idée qu'il comprit dans les grandes lignes. Ici, les versions divergent. L'oncle Tucker, dont l'esprit tourna à la sauce blanche en 1916, se souvenait que l'Indien voulait s'en aller à toute force. Tante Jessica se souvenait seulement qu'il pleurait et divaguait. La cousine Dora avouait avec simplicité, quand on le lui demandait, qu'elle avait kidnappé l'Indien, qui, disait-elle, s'appelait Ira Glick. Je ne crois pas que c'était son nom, quoique la prononciation indienne ait pu donner quelque chose d'approchant.

Le lendemain, quand les autres Indiens revinrent exiger la restitution d'Ira Glick, l'oncle Tucker était d'humeur à discuter, vu qu'il ne refusait de se quereller qu'avec Dieu et la cousine Dora. Ça ne lui faisait rien de se quereller avec les Indiens, les colporteurs et tante Jessica. On l'avait même entendu se quereller avec la mule, quoiqu'il démentît le fait par la suite, disant qu'il n'avait fait que gronder l'animal.

Les Indiens dirent qu'ils ne repartiraient pas sans Ira Glick, mais la cousine Dora leur dit qu'elle ne le rendrait pas. Il restait. Ils se mirent en colère et parlèrent indien, selon toutes les versions, et dirent qu'ils reviendraient avec quelque chose qui ferait réfléchir même la cousine Dora. Ils comptaient sans le caractère obstiné que ma cousine a hérité du côté de son père, et non du côté des Plaut.

Dora s'enfuit avec Ira, et on n'entendit plus parler d'elle pendant sept ans, au bout desquels elle revint avec trois rejetons qui, de l'avis général, avaient pris tout ce qu'il y avait de pire chez le sauvage et chez la cousine. Tous les trois étaient gros et rouges et passaient leur temps à traîner partout leur paresse, jusqu'au jour où même l'oncle Tucker en eut assez, car tante Jessica refusait de parler à Dora, et les jeta dehors.

La dernière fois que la famille entendit parler de Dora Glick, il paraît qu'elle élevait des moutons dans les Pecos et qu'Ira Glick s'était enfui, mais n'avait pas rejoint sa tribu. Certains, mais assurément pas l'oncle Tucker, disent qu'Ira Glick se lança dans la politique et devint gouverneur de l'Arizona juste avant que le territoire ne fût élevé à la qualité d'Etat de l'Union. Je ne crois pas que les Indiens puissent être gouverneurs, mais avec un nom pareil on a dû le prendre pour un Juif.

Quand je me réveillai le lendemain matin, le soleil brillait et les pages du manuscrit étaient éparpillées par terre. Comme elles n'étaient pas numérotées, je ne cherchai pas à les remettre dans l'ordre. Je les ramassai, en fis un paquet bien carré que je posai sur le canapé.

Je me brossai les dents, me rasai, déjeunai d'un bol de céréales, m'habillai et me dis que j'avais un tueur à arrêter, peut-être un meurtre à empêcher, mais qu'avant j'avais une voiture à acheter.

Je pris l'autobus plein de gens en retard pour leur travail, et j'arrivai chez Arnie vers dix heures. Il était dans son bureau fleurant le cambouis, en train de visser quelque chose dans un globe de métal.

— Combien pour la Ford 38, sans échange standard ? Ma Buick a rendu l'âme dans le désert.

Un client s'arrêta dans une longue voiture noire et klaxonna bruyamment. Arnie leva les yeux sur le client, lui fit bonjour et continua à glander.

— Deux cent vingt, dit-il. C'est une faveur, vu que tu n'as pas de reprise.

— J'ai quatre-vingts tickets, des honoraires que j'attends de l'est, et une affaire en cours.

Arnie posa son tournevis et, l'air hésitant, se gratta le nez, qui en sortit un peu plus noir de cambouis qu'avant.

— Je peux la vendre comme ça, cette beauté, dit-il. C'est pas un clou.

Le client, très élégant, serviette, regarda sa montre et fit de son mieux pour avertir tout le voisinage de son exaspération.

— Arnie, marché conclu ou pas ?

Arnie émit un puissant grognement que je pris pour un faux signal de détresse. Il allait, par un mouvement de pure bonté de son cœur de pierre, me fourguer chat en poche la Ford 38 que je n'avais jamais vue. Il tendit la main. Je sortis mon portefeuille, lui tendis quatre-vingts dollars, espérant que je pourrais faire durer les vingt-cinq restants jusqu'à ma prochaine affaire.

— Elle est dans le fond, à côté de la pompe défoncée,

dit-il en comptant mes billets. Je te ferai un reçu et tout dès que j'aurai servi le gandin.

La voiture était à l'endroit indiqué, et elle n'avait pas l'air trop mal. Le pare-chocs arrière s'affaissait un peu, et l'un des phares semblait injecté de sang. De plus, c'était un petit coupé deux places, ce qu'Arnie avait négligé de mentionner. Peu d'espace pour les bagages ou les passagers. Les clés étaient sous le pare-soleil, où les mécaniciens les cachent toujours. Elle ne démarra pas du premier coup, mais elle démarra quand même, et le moteur semblait tourner rond. La jauge d'essence était à zéro.

Je sortis lentement et m'arrêtai devant la pompe. Arnie discutait avec le gandin.

— J'ai besoin d'essence ! criai-je par la vitre baissée.

— Non, dit Arnie en ajustant sa casquette de base-ball. La jauge est cassée. J'ai fait le plein.

— Tu peux l'arranger ?

— Fais le plein tous les deux, trois jours, conseilla-t-il. Ça te coûtera un paquet, la réparation.

Au moins, la radio marchait. Je l'allumai et appris que les Japonais avaient bombardé Corregidor pendant cinq heures, mais que le général Wainwright tenait bon. J'appris aussi que les nazis avaient exécuté soixante-douze Hollandais pour avoir aidé les Alliés, et que si vous vouliez avoir les nerfs solides pour piloter les bombardiers de l'Oncle Sam sur la traversée de l'Atlantique, il fallait fumer des Camel.

A onze heures, je me garai devant la maison de Richard Talbott, titulaire d'un Oscar, et candidat à un autre en 1942, homme qui tenait l'alcool, mais pas très bien.

CHAPITRE VII

Le carillon de la sonnette résonna longuement dans le vide de la maison. Je regardai le parc, situé sur un terrain doucement vallonné sur Alpine, tout près de Santa Monica Boulevard, à Beverley Hills. L'herbe était bien coupée, les buissons bien taillés, et les oiseaux pépiaient gaiement devant la grande maison blanche qui remontait au mauvais vieux temps et avait sans doute appartenu à une star du muet qui n'avait fait que passer. Je ressonnai et écoutai les trois notes s'égrener au-delà de la porte. Puis elle s'ouvrit.

Jeremy appelle ça du « déjà vu », en français. Il a même écrit un poème qui porte ce titre. Je ne comprends pas pourquoi il ne lui a pas donné un nom ordinaire, comme tout le monde, par exemple « Ne suis-je pas déjà passé par là ? » ou « (Il me semble que) J'ai déjà entendu cet air-là ».

La femme en robe bleue, debout devant moi, bras croisés, était une ravissante blonde nommée Brenda Stallings, qui n'avait pas vieilli d'un jour depuis quatre ans que je ne l'avais vue. Elle portait déjà une robe bleue la première fois qu'elle m'avait accueilli, juste avant de me vamper pour, plus tard, me tirer une balle dans le dos. Je ne dirai pas que ça me fit plaisir de la voir.

— Je suis venu vous rendre votre balle, dis-je.

Quinze ans plus tôt, Brenda Stallings était une riche débutante. Elle avait été la doublure de Jean Harlow, puis avait eu une carrière glorieuse mais courte avant d'épouser un ringard-maître chanteur du nom d'Harry Beaumont, qui maintenant gisait quelque part près de Rintintin au cimetière de Roseland. Mais Brenda était une actrice. Elle ne cilla pas lorsqu'elle recula légèrement pour me laisser entrer.

— Vous pouvez la garder, si vous voulez, dit-elle.

J'entrai et elle referma la porte. A quelques pas d'elle maintenant, je remarquai les changements survenus en elle. Elle était toujours belle, elle avait conservé son châssis et son port, mais des cernes sous les yeux, des ombres aux commissures des lèvres annonçaient qu'elle n'avait pas eu une vie de tout repos, si on y regardait bien, et c'est exactement ce que je faisais.

— Comment m'avez-vous trouvée ? dit-elle, me précédant sans se retourner.

Elle avait des jambes sensas, et ses cheveux blonds flottaient toujours sur ses épaules, ondulant au rythme de sa marche. Je connaissais le numéro. Pour ça, oui.

On s'arrêta dans un séjour qui ressemblait au décor d'un film de Fred Astaire, rien que des noirs et des blancs, et bas les pattes. C'était le style de Brenda. Je cherchai l'Oscar des yeux. Il y en avait deux sur le piano blanc. Elle saisit mon regard.

— A gauche, c'est celui de Richard, dit-elle. L'autre, continua-t-elle, le prenant dans sa main et touchant quelque chose dans le dos, vous vous en souvenez peut-être.

Des flammes jaillirent de la tête de l'Oscar. Elle prit une cigarette dans une boîte en or sur le piano, l'alluma et reposa l'Oscar.

— Je m'en souviens.

Ses yeux bleus et froids contemplèrent le bout incandescent de sa cigarette, puis se reportèrent sur moi.

— Asseyez-vous, je vous en prie.

Elle m'indiqua divers sièges, et j'essayai de déterminer sur lequel j'avais le moins de chances de déposer des taches. Je me serais bien assis sur le tabouret du piano, blanc lui aussi, mais je ne sais pas jouer du piano et je me serais senti tout con. Je m'assis finalement sur l'accoudoir surrembourré d'un fauteuil.

— Je cherche Richard Talbott, expliquai-je. C'est bien ici qu'il habite, non ?

Elle hocha la tête et continua à fumer en me regardant. Elle ne voulait pas me faciliter les choses. D'après mes souvenirs, elle n'avait pas eu à se plaindre de mes services la dernière fois, mais elle n'était pas du genre à manifester de la gratitude, de la faiblesse ni d'ailleurs quoi que ce soit d'autre si elle pouvait s'en dispenser.

— Il habite ici, et moi aussi, dit-elle en tendant la main vers un cendrier en or.

— J'habite à Hollywood à la pension Plaut, dis-je, regardant autour de moi et découvrant deux immenses portraits au-dessus de la porte par laquelle nous étions entrés.

L'un de Brenda Stallings, bronzée et princière, tout en blanc. Il était déjà dans son ancienne maison, toute proche. L'autre de Richard Talbott en vareuse bleue, avec un beau sourire sain et plein de dents. Brenda avait fait de son mieux pour s'approprier Talbott et la maison. Dans son ancienne demeure, le portrait mâle était celui d'Harry Beaumont. Si mes souvenirs étaient exacts, il existait une ressemblance superficielle entre Beaumont et Talbott.

— Comment va Lynn ? attaquai-je, avec mon sourire le plus mondain.

Lynn était sa fille, qui devait avoir maintenant dans les dix-neuf-vingt ans.

Brenda écrasa sa cigarette et se laissa paresseusement choir dans le fauteuil en face de moi. Elle m'avait déjà fait ce numéro la première fois. C'était, décidai-je, une scène qu'elle jouait bien et qu'elle plaçait souvent.

— Lynn va bien, dit-elle. Nous ne nous voyons pas beaucoup. Elle fréquente l'université à New York, et s'intéresse sérieusement à un producteur plus très jeune. Qu'est-ce que vous voulez à Richard ?

— Je pensais lui sauver la vie, dis-je.

— Prendrez-vous quelque chose ?

— De l'eau glacée, s'il vous plaît.

— Et de la citronnade ?

— Ça ira.

Brenda se leva sans se presser et, foulant le tapis à carreaux blancs et noirs, sortit nonchalamment de la pièce. Je l'entendis quelque part donner des ordres en une langue qui ressemblait à de l'espagnol. Elle revint au bout de quelques secondes.

— Carlotta nous apportera les rafraîchissements dans quelques minutes, dit-elle en allant prendre une autre cigarette sur le piano puis en la reposant aussitôt.

Elle était nerveuse. Peut-être à cause de ma visite qui lui rappelait de mauvais souvenirs. Peut-être à cause d'autre chose.

— Talbott a-t-il reçu des menaces ? demandai-je. A-t-il des problèmes ?

— Les menaces principales que reçoit Richard sont dirigées contre son foie, et son problème principal est sa capacité à servir de réceptacle à toutes les importations californiennes de scotch.

Elle me fit un ravissant sourire en cherchant quelque chose à tripoter.

— Chère amie, vous vous y connaissez en hommes, dis-je.

— N'est-ce pas que je les choisis bien ?

— Talbott !

— Oui, Richard.

Son soupir souleva ses seins sous sa robe, exigeant

impérieusement mon attention. C'était sa scène, et je la laissai la jouer.

— Lui et un producteur sont sortis pour une séance de travail dans l'un des bars préférés de Richard ; il en existe plusieurs pas plus loin qu'il ne faut pour vomir.

Elle regarda par la fenêtre, puis leva les yeux sur son portrait, et enfin se toucha les cheveux avant de continuer :

— Il s'agit d'une affaire qui doit se passer à l'étranger, et ça m'étonnerait qu'il rentre avant un bon moment. Avez-vous l'intention de me dire de quoi il retourne ? Cette scène pourrait supporter quelques coupures...

Sur ce, Carlotta entra, toute menue dans sa robe noire, et me tendit un grand verre de citronnade avec de la glace et un petit sourire. Brenda ne buvait rien. Carlotta sortit. Tout était très élégant, sauf moi.

— Il y a un dingue qui veut effacer Talbott et quelques autres vedettes, dis-je.

Elle me regarda, l'air sérieux.

— Richard a l'habitude, dit-elle. Comme la plupart des stars.

— Mais celui-là a sans doute déjà tué quelqu'un.

Quelque chose la frappa aux tripes, et elle n'eut pas le temps de prendre la pose.

— C'est pourquoi j'aimerais trouver Talbott, lui parler, l'avertir, et peut-être organiser sa protection et lui demander de ne pas sortir jusqu'à ce que j'aie mis la main sur ce type.

Brenda s'approcha de moi. J'avalai une rasade de citronnade trop sucrée, cherchant un endroit où poser mon verre sans laisser d'auréole. Je ne trouvai rien et le gardai à la main.

— Quelqu'un l'a appelé hier, dit-elle. Richard m'a dit que c'était un admirateur idiot. Mais il avait l'air secoué. C'était peut-être...

— Peut-être, convins-je en lui tendant mon verre.

Elle le prit, le regarda sans le voir et le posa sur une table noire et luisante.

— Je crois que je vais attendre qu'il revienne, si vous n'avez rien contre.

— Mais bien sûr, dit-elle.

Maintenant, son numéro se désagrégeait rapidement. Nous avions dépassé son scénario habituel, et la rencontre ne se terminerait ni par une scène de séduction, ni par une explosion de colère. Peut-être étais-je en train de regarder la Brenda Stallings enterrée sous trois lustres de Brenda Stallings. Ses lèvres roses s'entrouvrirent légèrement. Je m'en souvenais bien, de cette bouche rose. Elle commença :

— Toby, monsieur Peters, je...

— Attendez, l'interrompis-je. Ce producteur qu'il voit en ce moment. Il le connaissait ? Avant, je veux dire.

— Non, dit-elle. Il a appelé ce matin... vous ne pensez pas... ?

— Si, dis-je, ça m'arrive, comme en ce moment. A quoi il ressemblait ?

Je me levai et m'approchai d'elle. Sa façade se craquelait à vue d'œil. Elle porta la main à son front et repoussa ses cheveux.

— Je ne l'ai pas vu. J'étais en haut. Richard...

— Il avait un nom ? Le producteur ?

— J'essaie de me rappeler.

Et elle essayait. Elle posa sa main sur son front pour encourager sa mémoire.

— Resnick, je crois.

— Ce ne serait pas plutôt Ressner ? suggérai-je, lui saisissant les deux bras.

Elle hocha la tête, accablée.

— C'est mon homme, dis-je.

— Oh non, pas deux fois, murmura-t-elle en s'affaissant contre moi.

Elle était douce et belle, et elle sentait très bon, mais je la rassis en vitesse, quoique avec douceur.

— Brenda, où Talbott tient-il ses réunions ? Où ?

— J'essaie, dit-elle.

Et elle essayait. Je reculai pour ne pas l'énerver.

— Voyons, il m'a emmenée chez *Buddy's*, dans Cower, au *Manhattan*, dans Fairfax, au *Trinity's American* dans Hollywood Boulevard, au...

— Je vais commencer par ceux-là, dis-je, et je vous appellerai si je fais chou blanc. S'il rentre, dites-lui que Ressner est un fou dangereux, qu'il ne doit plus le voir. Qu'il prévienne les flics et se planque. Compris ?

Elle hocha la tête.

— Toby, je regrette de vous avoir tiré dessus.

— Excuses acceptées.

Je sortis du salon et faillis me cogner dans Carlotta qui écoutait à la porte et n'avait pas eu le temps de battre en retraite.

— Commencez par le *Manhattan*, me chuchota-t-elle.

— *Gracias*, chuchotai-je en réponse, courant vers la porte et ma nouvelle Ford.

Le temps recommençait à se couvrir quand j'entrai dans Santa Monica, faisant de mon mieux pour ne pas dépasser la vitesse limite. J'écrasai le champignon, allumai la radio qui crachota sans rien m'apprendre, l'éteignis et ouvris la boîte à gants pour prendre mon .38 qui, comme de bien entendu, n'était pas là, mais dans la boîte chez Mme Plaut.

La circulation commençait à s'intensifier devant moi, et je ne savais depuis quand je conduisais. Un Taxi Jaune, surmonté d'un panneau proclamant « Soyez patriotes. Voyagez en groupe. Voyagez Jaune », s'arrêta brusquement devant moi et je faillis lui rentrer dedans. Quelque chose me rentra dedans par-derrière, et un bruit de métal tombant sur l'asphalte me chatouilla l'oreille. Je sautai sur la chaussée juste à l'instant où le mec qui m'avait embouti me dépassait, la tête rentrée dans les épaules. Mon pare-chocs arrière gisait sur la voie. Je le ramassai et le fourrai sur l'étroite banquette arrière, par la vitre de devant. La voiture n'était pas assez large pour lui, et un bout dépassait par la fenêtre.

Il y a des jours, mon Dieu, pensai-je, où même moi je n'apprécie pas ton sens de l'humour.

Pas un seul créneau pour se garer dans Fairfax. Je m'y attendais. Je m'arrêtai devant une borne d'incendie, sautai à terre et courus vers le *Manhattan*. Devant la porte, je me ressaisis, essayai de reprendre mon souffle et entrai dans le noir presque total.

Il y avait huit ou neuf clients. Trois au bar, le reste dans des boxes. Même à cette heure matinale, un mec jouait du piano et chantait *It Ain't Necessarily So*. Je cherchai Talbott du regard, mais ne le vis pas. Je ne savais toujours pas à quoi ressemblait Ressner.

Le barman était un jeune gars en chemise blanche, gilet et cravate rouge. Je m'approchai.

— Qu'est-ce que vous prendrez ? dit-il.

— Richard Talbott, répondis-je. Je suis de la Paramount. Message urgent. Il est venu ici aujourd'hui ?

Le barman me lorgna de la tête aux pieds, étonné de voir les ringards qu'emploient les studios pour porter les messages.

— Il était ici avec un autre type, dit-il.

— L'autre type, à quoi il ressemble ?

Il haussa les épaules.

— Je sais pas. Plutôt grand. Lunettes noires.

— Quand sont-ils partis ? Où sont-ils allés ? insistai-je.

— Ils ne sont pas partis, dit-il. Ils sont dans le fond.

Le fond, c'était apparemment derrière de lourds rideaux de velours rouge, sur lesquels je mis le cap. Derrière moi, j'entendis quelqu'un commander des consommations.

Derrière les rideaux, je trouvai un petit réduit et un étroit couloir, avec les toilettes Messieurs, Dames, juste à l'entrée. Au-delà, deux portes. Je poussai la première, qui donnait accès à un salon particulier de taille moyenne, avec quelques tables, des fauteuils et un bar dans un coin. La pièce était vide, mais une lumière ambrée brillait au plafond, et, au-dessus du bar, une publicité pour Dewar Black Label étincelait. Je m'approchai du comptoir où reposaient deux verres, et touchai une petite flaque de liquide rouge répandue près de l'un d'eux. Liquide épais et brun à la lumière. Collant et familier.

Des gouttes du liquide formaient une piste conduisant dans un coin où s'ouvrait une porte de secours. Elle était entrouverte. Je la poussai et m'apprêtai à sortir. Le ciel redevenait noir. J'eus le temps de remarquer ça, plus quelques vagues formes devant moi, puis quelque chose me frappa à l'estomac. Un animal à l'agonie rugit « Aarrrggg », et j'eus l'impression d'être retourné la tête en bas et jeté sur le dos par un bébé géant. Puis, plus rien.

Koko le Clown parut et se percha sur mon nez. Derrière lui, quelqu'un parla. J'eus l'impression que la voix disait « Encore trop tard », mais je n'étais pas sûr. Koko me sourit, tout prêt à jouer.

Je n'avais pas envie de jouer. Un point c'est tout. Je frisais la cinquantaine, je n'avais pas le rond dans mon bas de laine, j'avais un corps qui menaçait de m'abandonner, une ex-femme... Et merde. Je radotais. Lève-toi et marche, me dis-je. Koko pouvait patiner en rond autour de moi et jouer des tours à l'Oncle Max. Les nazis et les Japonais pouvaient nous bombarder avec n'importe quoi. Mon boulot était facile. Il suffisait de me lever et de retourner au charbon, mais je n'y arrivais pas. Mes yeux ne voulaient pas s'ouvrir. Rusé renard, je proposai un jeu à Koko. S'il m'ouvrait les yeux, je jouerais avec lui. Je gloussai intérieurement, sachant que s'il m'aidait à ouvrir les yeux je serais réveillé et n'aurais pas à jouer. J'aurais une partie plus dangereuse à tenter. Koko la poire accepta, et j'ouvris les yeux dans une lumière aveuglante. Je les refermai aussitôt.

— Celui-là n'est pas mort, dit une voix incrédule.

— Il est plus sanglant que l'autre, dit une autre voix. Vous m'entendez, mon vieux ?

— Je vous entends, dis-je.

— Qu'est-ce qu'il dit ? reprit la première voix.

— Je crois qu'il a dit « je vous emmerde », dit la deuxième.

Je rouvris les yeux, et, pour éviter la lumière de la torche électrique, je tournai la tête et me trouvai nez à nez et yeux dans les yeux avec Richard Talbott. Ses yeux étaient grands, ouverts et morts, et la pluie tambourinait sur ses célèbres joues. Pas de pot pour Brenda Stallings et pour moi.

J'essayai de m'asseoir mais des mains me repoussèrent en arrière.

— Restez allongé jusqu'à l'arrivée de l'ambulance, dit la première voix.

Malgré la pénombre nuageuse, je m'aperçus qu'elle appartenait à un flic en imperméable. Un jeune flic.

— Je vais attraper une pneumonie si je reste couché là, lui dis-je. Et j'ai déjà le dos en compote.

Le deuxième flic n'était guère plus vieux que le premier.

— Ne bougez pas, ordonna-t-il, impérieux.

Je m'assis et regardai Talbott. Il avait un couteau

planté dans la poitrine, à peu près au même endroit que Grayson.

— Vous pensez que c'est moi qui ai fait le coup ? dis-je en essuyant mon visage plein de pluie et de sang.

— Je ne pense rien du tout, dit le deuxième flic. Mais vous ne bougerez pas de là.

— Merde, Sol, laisse-le rentrer à l'intérieur, dit le plus jeune. Ça ne sert à rien de rester sous la pluie. S'il cherche à filer, il le regrettera.

Sol émit un grognement et me regarda.

— D'accord. Si vous faites le mariole, vous prenez ma torche en pleine poire, m'avertit Sol.

— Exactement ce qu'il me faut.

Je gémis et les laissai me traîner par la porte de derrière et on se retrouva dans le salon particulier du *Manhattan*.

Ils m'assirent sur une chaise et, avec des serviettes, épongèrent le sang que j'avais dans les cheveux. Je sentais la blessure, mais sans me rendre compte si c'était profond.

— Vous voulez nous raconter votre histoire ? demanda le partenaire de Sol, le môme.

— Non, dis-je. Il faudrait que je la répète. Appelez le lieutenant Pevsner ou le sergent Seidman au commissariat de Wilshire. Brigade criminelle. Dites-leur ce que vous avez trouvé et que je m'appelle Toby Peters.

— Vous êtes flic ? dit Sol.

— Non, dis-je. Victime.

— C'est vous qui avez tué ce mec ? dit le môme.

— Ce mec, c'est Richard Talbott, dis-je en refermant les yeux.

— La vedette ? s'écria Sol.

Je hochai la tête.

— La faux de la mort n'épargne personne, dit Sol, sentencieux.

— Les grands, les petits, les gros et les maigres, acquiesçai-je.

Et je refermai les yeux, faisant semblant de retomber dans les pommes.

CHAPITRE VIII

— Eh bien, Toby, mon garçon, dit une voix chaude qui interrompit mes rêves, nous avons une nouvelle théorie sur votre cas.

J'ouvris les yeux et vis un visage placide penché sur moi. Visage tolérant, visage d'un homme d'une soixantaine d'années qui en avait vu d'autres et qui avait envie de rentrer chez lui prendre un bain et un verre. Il aurait pu être curé ou soldat. Il aurait même pu être flic, mais j'inclinais à penser qu'il était médecin. Sa blouse blanche et son stéthoscope autour du cou furent mes meilleurs indices. Et ce qui m'aida aussi, c'est que je reconnus la salle des urgences de l'hôpital. J'y étais passé plus d'une fois.

— Je suis le Dr Melanks, dit-il en prenant un épais dossier.

Je savais que c'était le mien. Je me rappelais l'époque où le Dr Parry le prenait en branlant du chef, tout comme branlait du chef le bon Doc Melanks. Parry était quelque part dans le Pacifique, penché sur des cas encore plus intéressants que le mien. J'avais l'habitude des dossiers épais. J'y trouvais même une sorte de fierté perverse.

— Vous pouvez m'entendre ? demanda Melanks en se frictionnant la naissance du nez.

Des poils gris très fins poussaient sur les articulations de ses phalanges.

— Certains membres du personnel sont maintenant persuadés que la terreur à laquelle vous soumettez votre corps sans interruption a suscité chez lui une réaction de résistance accrue. Non que vous soyez immunisé contre les accidents, mais votre corps a décidé une fois pour toutes : « Au diable, je peux tout encaisser. » Votre crâne n'a plus le droit anatomique de recevoir le nom de crâne. Nous ne savons pas très bien quel nom lui donner.

J'essayai de m'asseoir et m'arrêtai sur un coude. J'étais en chemise de nuit d'hôpital.

— A ma connaissance, l'objet se rapprochant le plus de ce que nous appelons plaisamment votre crâne appartenait à un boxeur du nom de Ramirez. Quand sa carrière fut finie, il gagnait de temps en temps quelques pièces en enfonçant les portes avec sa tête. A cette époque, il était devenu incapable de discours cohérents, et semblait croire qu'il était un robot. Comprenez-vous mon allégorie, monsieur Peters ?

— Si je continue à me faire cogner sur la tête, ma cervelle va tourner à la sauce blanche, dis-je.

— Votre cervelle est presque certainement déjà de la sauce blanche, dit le Dr Melanks. Je désire simplement que vous me la léguiez par testament. J'ai soixante-sept ans, de l'arthrite, le cœur malade, de l'artériosclérose et une hérédité peu prometteuse, mais je devrais vous survivre par une marge confortable.

Il posa le dossier, s'approcha de moi, souleva mes paupières, braqua une petite lampe dans mes yeux en me soufflant au nez une haleine parfumée à la menthe, et enfin recula.

— Je ne me donnerai même pas la peine de vous avertir, dit-il. Ça ne servirait à rien. Je vois que Parry et pas mal d'autres vous ont mis en garde contre les conséquences de votre folie. Si vous pouvez vous lever, levez-vous. Si vous pouvez marcher, je ne demande qu'à vous admirer. Vous avez deux douzaines de points de suture à la base du crâne.

— Je les sens, dis-je, m'asseyant en portant la main à mon bandage.

— Bon signe, soupira Melanks. Tous ces soins sont gratuits, bien entendu, à condition que vous reveniez dans trois jours pour que je vous enlève les fils et me livre à un petit examen phrénologique au bénéfice des étudiants en médecine qui devraient voir toutes choses au moins une fois.

Je me levai et cherchai des yeux mes vêtements.

— Voudriez-vous enfoncer la porte d'un coup de tête ? dit-il d'une voix lasse. Je pourrais vous recoudre tout de suite. J'ai déjà raté mon dîner et une partie de ma nuit. Ce serait une expérience pleine d'enseignement pour mes vieux jours.

J'en avais marre des sarcasmes du Dr Melanks. Ce qu'il me fallait, c'était un pantalon avant que la police débarque pour tailler une bavette.

Melanks rebranla du chef et exécuta une sortie théâtrale avec un grand mouvement des pans de sa blouse blanche. Presque immédiatement, Phil et Steve Seidman se pointèrent.

Phil s'était rasé depuis la veille, et Seidman paraissait encore plus pâle à la lumière de l'hôpital. Il s'appuya contre la porte qu'il avait refermée derrière lui, Phil s'avança une chaise chromée et s'assit. Il regarda autour de lui comme si je n'étais pas là, admira la table, la pharmacie, et le tableau des poisons punaisé au mur. Personne ne l'ouvrit. Cela dura plusieurs minutes, puis je craquai.

— C'est Ressner qui l'a tué, dis-je.

Comme la discussion ne démarrait toujours pas, je me lançai en direction d'un vestiaire métallique, pour chercher mes fringues. Elles n'étaient pas là.

— Le médecin de Ressner m'avait dit qu'il avait des vues sur Talbott, dis-je. Alors, je suis allé chez lui. Vous pouvez vérifier auprès de Brenda Stallings. Vous la connaissez. Affaire Flynn en 1939. Elle m'a dit que Talbott était au *Manhattan* avec Ressner. J'y suis allé et je les ai suivis dans le salon particulier. J'ai suivi la piste sanglante jusqu'à la porte, et Ressner m'a assommé.

— Vous avez vu Ressner ? demanda Seidman.

— Non, mais c'est le même topo que pour Grayson, hein ?

Phil se gratta la tête puis considéra ses ongles.

— Ce n'est pas moi qui l'ai tué, répétai-je.

— On ne pense pas que c'est vous, dit Seidman.

Phil garda le silence.

— Mais demain, ça va faire sensation dans les journaux et à la radio. Priez le ciel que les Japonais attaquent Corregidor. Sinon, impossible d'y couper. Talbott va faire la une. On vous jettera en pâture aux journalistes pour qu'ils nous foutent la paix une semaine.

— Ce n'est pas de me mettre en taule qui vous fera retrouver Ressner, dis-je. Et pendant ce temps-là, il pourrait bien s'en prendre à Mae West ou à De Mille.

— On les fera surveiller, dit Seidman. Quelles chances avez-vous de pincer Ressner ?

Je regardai Phil qui, assis sur sa chaise, écoutait comme au théâtre.

— Je peux le pincer dans les vingt-quatre heures, dis-je, sans la moindre idée de l'endroit où il se cachait.

Merde, je ne savais même pas où se cachait mon froc.

— Foutaises, dit enfin Phil.

Je poussai un soupir bidon en mettant la main sur mon cœur.

— Dieu soit loué, dis-je. Je croyais que les journaux t'avaient arraché le cœur.

— Non, dit Phil en se levant.

Il s'étira, et son bide s'affaissa comme il faisait un pas vers moi.

— La langue, c'est tout. Je t'ai demandé un service. Je t'ai demandé de protéger quelqu'un, sans faire de vagues. Paraît que c'est ce que tu fais le mieux. Merde, c'est la seule chose que tu sais faire. Et regarde-moi ça. Deux morts, un gros promoteur et une vedette de cinéma.

— Il y a des gens qui meurent tous les jours par centaines des deux côtés de l'océan, lui rappelai-je.

— Mais je n'en suis pas responsable, dit Phil en se plantant devant moi.

Je reculai prudemment, et il continua.

— Je ne vais pas te tabasser. Je vais te donner vingt-quatre heures. Après, je te fous en cabane, et tu moisiras en cellule si tu ne peux pas payer la caution, pendant qu'on essaiera de trouver Ressner, et que Mae West se verra mêlée à tout ça. T'as saisi dans ta petite tête, frangin ?

— Ça pulse jusqu'à mes points de suture, dis-je. Maintenant, si vous me trouvez un grimpant, je suis à vous.

— Vous ne voulez pas nous affranchir, ce qui nous épargnerait à tous du temps et de la peine ? demanda Seidman.

— Il vaut mieux que je procède à ma façon, dis-je, sachant que je procédais essentiellement tête baissée, comme Ramirez, jusqu'à ce que je cogne la bonne porte à enfoncer.

Sans un mot, ils quittèrent la pièce.

— Mon froc ! gueulai-je après eux en les suivant.

Ils continuèrent au pas cadencé, traversant la salle d'attente au milieu de la foule multicolore des malades — noirs, blancs, jaunes, bruns et verts — en divers états d'urgence. Ceux qui en avaient la force levèrent les yeux. Certains semblèrent s'étonner que la police m'eût pris mon pantalon.

Revenu dans la salle de soins, je décrochai le téléphone et appelai la pension Plaut.

— Al... commença Mme Plaut.

Mais quelqu'un lui arracha le combiné.

— Monsieur Gunther ! l'entendis-je glapir.

Puis la voix de Gunther :

— Allô ?

— C'est moi, Toby, dis-je.

— Je l'espérais bien.

Derrière lui, j'entendis Mme Plaut s'indigner :

— Encore un incident comme ça, monsieur Gunther, et vous pourrez faire vos petits bagages et aller voir ailleurs si j'y suis.

J'expliquai la situation à Gunther, qui s'inquiétait à mon sujet. Il me dit qu'il avait déjà fait nettoyer mon complet taché de lait et recoudre le bouton, et qu'il arrivait dans le quart d'heure.

Tandis que j'attendais, réfléchissant à la suite des opérations, deux infirmières passèrent la tête par la porte. La plus jeune dit : « C'est lui. » La plus vieille me regarda avec un regard curieux mêlé de crainte, en levant une radio, qui, supposai-je, devait représenter mon crâne. J'eus envie de leur jeter quelque chose, comme font les singes au zoo, puis je décidai de conserver le peu de dignité qui me restait.

Gunther fit le trajet en seize minutes d'après la pendule murale, quatre minutes d'après la montre de mon vieux. Quelques secondes suffirent pour m'habiller, après quoi je signai mes papiers de sortie, sous l'œil intéressé du Dr Melanks, une tasse de café à la main.

— Je ne plaisantais qu'à moitié en vous demandant de me léguer votre corps, dit-il. Il serait du plus haut intérêt qu'un bon pathologiste puisse l'examiner à loisir.

— Salut, doc, souris-je en ajustant le chapeau que

Gunther avait apporté de façon à ce qu'il reposât juste sur mon bandage. Surveillez votre tension.

Gunther me conduisit à Fairfax, suggérant que je rentre passer la nuit à la maison avant d'aller récupérer ma voiture. Je lui dis qu'elle ne serait sans doute plus là si j'attendais le matin. La police l'aurait emmenée à la fourrière. Il haussa les épaules, appuya sur son accélérateur à rallonge, et on fila dans la nuit aux accents radiophoniques de Gene Autry.

La Ford était toujours devant la borne d'incendie, ornée de quatre contredanses. Je les fourrai dans la boîte à gants, mis le contact en me demandant combien il me restait d'essence, et suivis Gunther pour le voyage de retour à Hollywood. A côté de moi, le pare-chocs arrière sautait et cahotait, grattant le revêtement intérieur. Je me garai devant chez Mme Plaut et transportai mon pare-chocs dans ma chambre. Je ne pouvais pas dormir sur le dos à cause de mes points de suture. Dormir sur le ventre, c'était la migraine assurée au matin. Je coupai la poire en deux et je me calai sur le flanc avec des oreillers, considérant sérieusement la retraite et une nouvelle carrière.

Peut-être qu'Arnie pourrait m'enseigner les subtilités des affaires ou Shelly la dentisterie en quinze jours. Peut-être que Jeremy me prendrait comme concierge au Farraday, ou que Gunther m'apprendrait le norvégien pour que je puisse traduire les classiques. Peut-être. Je dormis du sommeil du juste.

CHAPITRE IX

Mme Plaut se penchait sur moi quand j'ouvris les yeux. Au mur, la pendule du chewing-gum Beech Nut m'apprit qu'il était neuf heures. Son air d'instit' — lèvres pincées, mains croisées sur le ventre — m'apprit qu'elle avait un problème.

— Je suis contrariée, dit-elle.

J'essayai de rouler sur le dos pour avoir un meilleur point de vue sur sa contrariété, mais ma tête toucha l'oreiller et me rappela mes points de suture. Je m'assis tout doucement, bâillai et fixai sur elle mes yeux larmoyants.

— Vous êtes contrariée, l'encourageai-je.

— D'abord, M. Gunther manque au respect qu'il me doit, dit-elle en se tordant les mains. Puis vous mélangez les pages de mon chapitre sur la cousine Dora. Vous l'avez lu ?

— Cousine Dora a attaqué les Indiens, qui se sont tirés en épargnant sa vertu.

— Mais je n'en suis pas moins contrariée, continua-t-elle.

Je n'étais pas certain qu'elle eût entendu mon résumé.

— J'apprends par le journal que vous êtes encore mêlé à une histoire de cadavres. Un journaliste a téléphoné ce matin pour vous interviewer. Je lui ai dit que j'avais vu quatre ou cinq fois le film de M. Richard Talbott. A l'époque où il était jeune, et où, Dieu merci, les films ne parlaient pas. Il avait des cheveux magnifiques, comme mon frère.

— Vous êtes contrariée, lui rappelai-je en élevant la voix et en quittant mon matelas posé par terre.

— Je vous en prie, couvrez-vous, dit-elle.

Je baissai les yeux sur mon caleçon, acquiesçai et tendis le bras vers mon pantalon.

— Je trouve tout à fait déplacé que vous ayez tué M. Richard Talbott, voilà ce que j'avais à vous dire.

— Je ne l'ai pas tué, dis-je en essayant de boucler ma ceinture.

— Parfait, dit-elle en faisant craquer ses jointures. Le journal disait qu'on vous avait interrogé au sujet du crime, mais il ne disait pas que vous l'aviez tué.

— Qu'est-ce qu'il dit d'autre, le journal ? gueulai-je.

Je tirai du réfrigérateur une bouteille de lait presque vide, fis chauffer le café et fouillai parmi mes boîtes de céréales, me décidant enfin pour les All Bran. Je savais que j'avais de la cassonade quelque part, mais j'eus du mal à mettre la main dessus.

— Le journal dit encore, continua-t-elle obligeamment, que les Japonais ont attaqué Corregidor, que Laval a rejeté l'avertissement du Président Roosevelt, que la Grande-Bretagne combat les Français de Vichy à Madagascar, et que les White Soxs de Chicago ont été battus grâce à Joe DiMaggio.

Ce n'était pas ce que j'avais en tête, mais je lui fus reconnaissant du résumé et je regardai par la fenêtre. Le ciel était dégagé. Gloire au Seigneur, alléluia !

Je montrai la boîte de All Bran à Mme Plaut en lui offrant de partager mon déjeuner, mais elle fit non de la tête.

— Alors, monsieur Peelers, qu'est-ce que nous allons faire ?

A propos des Japonais, combattre et prier. A propos de DiMaggio, rien. Je n'étais pas un fan des White Soxs.

— Je me montrerai beaucoup plus circonspect à l'avenir, gueulai-je.

Ce qui sembla la rambiner. Dehors, j'entendis des pas dans le couloir.

— J'ai bien avancé le chapitre sur la branche Beemer de la famille et leurs intérêts scientifiques, dit-elle. Après quoi, nous devrions être prêts à chercher un éditeur.

Nous ? J'acquiesçais bêtement en versant mes céréales quand on frappa à la porte.

— Entrez ! criai-je, et Gunther entra, tout de gris vêtu.

Mme Plaut, qui ne l'avait pas entendu, continua à me foudroyer du regard tandis que je me rasseyais pour manger. Gunther passa à côté d'elle et elle le vit du coin de l'œil.

— Monsieur Gunther, dit-elle comme il s'approchait de la table, jusqu'à hier, vous vous êtes toujours comporté en parfait petit gentleman. Je ne sais pas ce qui vous a pris.

— Vous m'en voyez sincèrement désolé, madame Plaut, dit Gunther en inclinant cérémonieusement la tête.

— Quand vous voudrez vous excuser, reprit-elle, je serai en bas. Et je vous prierai, monsieur Peelers, d'enlever cet objet, dit-elle en montrant mon pare-chocs.

Sur quoi elle sortit précipitamment avec le chapitre sur la cousine Dora.

— Comment va votre tête ce matin, Toby ? demanda Gunther en versant le café.

— J'ai l'impression qu'on m'a amputé dix centimètres de cuir chevelu, et qu'on a recousu les bords trop serré. Enfin, ça peut aller.

Les All Bran me remontaient le moral.

— Vous avez l'air d'humeur étonnamment enjouée,

observa-t-il en se versant du café après avoir relavé la tasse sélectionnée.

— Je ne me l'explique pas, dis-je, en reversant un peu d'All Bran dans mon fond de lait et en le saupoudrant de la cassonade que j'avais fini par trouver dans le réfrigérateur.

J'avais été obligé d'y enfoncer ma cuillère comme une pelle pour en extraire un peu de sucre brun.

— J'ai perdu Anne. J'ai été assommé. Je suis suspect de deux meurtres. Je suis fauché. Le fisc me harcèle. Nous sommes en guerre. Mais... terminai-je en levant un doigt sentencieux, je suis à mon poste.

— Toby, j'ai un petit problème au sujet d'un idiotisme dans une traduction que je fais pour la radio.

Gunther était très sérieux dans ses traductions.

— Dans cette histoire, un homme dit : « C'est comme ça que rebondit le ballon. » Mes recherches me laissent entendre que cette expression dérive de la trajectoire irrégulière d'un ballon de football américain quand il frappe le sol. Cela vient de la forme particulière du ballon. La plupart des ballons ont une trajectoire prévisible. Les ballons de rugby anglais rebondissent à peu près de la même façon, mais je fais cette traduction en français et je suis dans l'embarras.

— Sautez le passage, Gunther, lui conseillai-je.

— Ce n'est pas professionnel. Est-ce que vous sautez ce qui vous ennuie quand vous travaillez pour un client ?

— Non, bien sûr.

— Vous voyez, dit-il, en se tamponnant la bouche de sa serviette.

Je résistai au désir de me gratter le ventre.

— J'y réfléchirai. Je vais à Fresno aujourd'hui. J'y passerai sans doute la nuit. Vous m'accompagnez ?

— Non, malheureusement, à moins que vous ne puissiez pas conduire. J'ai beaucoup de travail. Vraiment beaucoup.

— Je peux conduire, dis-je, en me levant et en portant la vaisselle jusqu'à l'évier.

Gunther termina son café, descendit de sa chaise et me dépassa pour aller la laver. Je ne protestai pas.

Je me rasai dans la salle de bains communautaire au bout du couloir, me brossai les dents, pris note de l'abondance croissante des cheveux blancs dans ma chevelure et essayai d'apercevoir mon bandage dont un petit bout pointait derrière mon cou. Il y avait quelques aspirines dans l'armoire à pharmacie. Des Hill's, je crois. Je les avalai et retournai dans ma chambre. Gunther était parti. Je fis mon lit, ce qui consiste à filer quelques coups de pied dans la couverture pour qu'elle recouvre à peu près le matelas et l'oreiller.

Une fouille en règle de ma chambre produisit assez de monnaie pour les coups de fil que j'avais à donner. Le premier était pour le Dr Winning. Il répondit à la deuxième sonnerie.

— Monsieur Peters, dit-il d'une voix égale, avez-vous retrouvé M. Ressner ?

— Pas tout à fait, dis-je. Mais je suis sur sa piste. Hier, il a encore produit un cadavre : Richard Talbott, la vedette.

Silence du côté de Winning. Manifestement, il ne lisait pas les journaux de Los Angeles, et pourtant, j'aurais cru que la mort de Talbott était une nouvelle de portée nationale. J'attendis.

— C'est terrible, dit-il enfin, ce qui était juste, mais pas très imaginatif. Qu'allez-vous faire ?

— Le trouver, dis-je. Je vais appeler l'ex-Mme Ressner, présentement veuve Grayson, et sa fille, pour voir ce que je peux en tirer. Puis j'avais l'intention de venir vous voir pour inspecter la chambre de Ressner et parler à quelques patients et membres du personnel qui l'ont connu.

Nouveau silence, puis :

— Je ne suis pas certain que ce serait sage. Bien des patients ne savent pas que M. Ressner est parti. Dans un hôpital comme le nôtre, l'équilibre est délicat à conserver, très délicat.

— Je sortirai tout mon charme, docteur. Je n'ai pas assez d'indices pour retrouver Ressner, et j'ai moins de deux jours devant moi avant que les flics ne tombent sur mon dos déjà douloureux. Sans compter qu'il peut toujours s'en prendre à Mae West ou à De Mille.

— D'accord, concéda Winning. Je préparerai le personnel pour votre arrivée. Vers quelle heure ?

— Je partirai cet après-midi. Je devrais être là dans la soirée sauf si je me sens fatigué et que je m'arrête en route. Ressner m'a bien sonné. Encore une chose, doc. J'ai besoin d'une autre avance.

— J'aurai ce qu'il vous faut à votre arrivée, dit-il.

Il m'indiqua la route à suivre pour parvenir à l'institut Winning. Sa voix était devenue de plus en plus cassante, et faillit se briser quand il raccrocha. On était tous les deux dans le merdier, et le merdier s'appelait Ressner.

Je sortis d'autres pièces de ma poche et composai le numéro des Grayson à Plaza Del Lago. Ça sonna, sonna et sonna, mais je ne me décourageai pas, et enfin le cowboy-baryton répondit :

— Résidence Grayson.

— Ichi, Cherviche Chardinage Thor, dis-je d'une voix caverneuse. Il faut que che parle à matame Grayson. Faut soigner les arbres de Jojué auchourd'hui, ou ils font mourir comme ça, bang, bang, puf.

— J'ai bien peur qu'elle ne puisse vous parler, monsieur Thor.

— M. Gundersen, corrigeai-je.

— Monsieur Gundersen, soupira-t-il, avec l'exaspération manifeste réservée à ceux qui ont un accent et ne comprendraient pas les sarcasmes. M. Grayson est mort récemment et...

— Et les arbres de Jojué font mourir aussi, insistai-je.

A l'arrière-plan, j'entendais des bruits et des voix, puis une voix de femme vint en ligne, haut perchée et nerveuse comme celle de Billie Burke.

— Oui, qui est à l'appareil ?

— Thor, dis-je. Grayson, fotre mari, m'a dit te m'occuper des arbres de Jojué. Che peux fenir ?

— Oui, oui, bien sûr. Faites ce que vous avez à faire, faites ce que vous a dit Harold, bêla-t-elle.

— Pon, che fous passe un ami qui feut fous parler.

J'écartai le téléphone de mon oreille, m'éclaircis la gorge et repris dans le meilleur style Toby Peters.

— Madame Grayson, j'enquête pour le compte de l'institut Winning. Nous essayons de localiser votre ex-mari.

— Je n'y comprends plus rien, sanglota-t-elle. Que faites-vous avec M. Thor ? Et je croyais qu'Harold avait été tué par un petit détective.

Un petit détective. D'accord.

— Avez-vous vu Jeffrey Ressner la semaine dernière ? demandai-je.

— Mais oui. Je l'ai dit à la police. La police de l'Etat, dit-elle d'une voix tremblotante. J'ai dit à Jeffrey qu'il fallait retourner à l'institut, mais Jeffrey et Dolores ne m'ont jamais beaucoup écoutée.

— Qu'est-ce qu'il vous voulait, Ressner ?

— De l'argent. Et que j'appelle l'institut pour leur dire de ne pas le rechercher. Il a beaucoup insisté là-dessus.

— Vous a-t-il dit où il allait, où vous pouviez le joindre, où il habitait ?

— Non, non.

— Vous avez une idée de l'endroit où il aurait pu aller ?

Longue pause, qui m'encouragea à insister.

— Pour son bien, madame Grayson. Pour votre fille et pour beaucoup d'innocents, il faut me le dire.

C'était mon numéro de bon chrétien.

— Il y a un hôtel à Hollywood, près de Vine. On y a habité à la naissance de Dolores, quand Jeffrey voulait être acteur. Il s'y plaisait. *Los Olvidados.* Quelque chose qu'il a dit, mais je ne sais plus quoi, m'a fait penser qu'il...

— Je connais, dis-je. Gardez le cow-boy sous la main et dites à Dolores que Toby la rappellera.

— Toby ? répéta-t-elle. Et M. Gundersen et les arbres de Josué ?

— Il viendra dès que possible.

Je raccrochai, me retournai et faillis me cogner dans Mme Plaut qui me regardait, son balai à la main.

— Infantile, dit-elle.

Je ne relevai pas, mais j'étais d'accord. Je passai devant elle et descendis l'escalier. J'avais un indice, et tout compte fait, je n'aurais peut-être pas besoin d'aller à Fresno.

On était mardi matin. Les gosses étaient à l'école et la rue libre. Je montai dans ma Ford qui démarra sans problème. La radio ne marchait toujours pas, et je combattis vaillamment l'idée lancinante que j'allais passer ma vie à me faire du mouron pour l'essence. Je mis mon .38 dans la boîte à gants en me jurant de noter mon kilométrage dans un carnet chaque fois que je ferais le plein. Je savais que je ne le ferais jamais.

Aucun problème pour trouver *Los Olvidados*. C'était un hôtel borgne sur Selma, avec un palmier fatigué devant la porte, qui semblait accablé par la gueule de bois.

Le hall était sombre, avec un tube fluorescent qui crachotait par intermittence dans un coin. La réception était juste assez grande pour un humain, et il y en avait un en effet, une femme qui lisait *Collier's* en fumant une cigarette. Elle était mince comme un journal roulé en cylindre, et elle avait des cheveux châtains ramenés en chignon sur la nuque.

— Qu'est-ce que je peux faire pour vous ? dit-elle, en levant les yeux mais pas la tête.

— Vous avez un certain Ressner ?

Elle m'accorda un peu plus d'attention.

— Vous êtes un ami ?

— Plus que ça, dis-je, en sortant le badge Dick Tracy que mon neveu Dave m'a vendu.

Elle aperçut un scintillement et ne demanda pas à regarder de plus près.

— Je n'ai pas de Ressner, dit-elle. A quoi il ressemble ?

— Je ne sais pas. Il a dû arriver dans le courant de la semaine dernière. Je peux voir votre registre ? Peut-être qu'un nom me dira quelque chose.

Elle souleva son coude osseux de son bureau, roula la manche de son pull marron, posa sa cigarette dans un cendrier, puis prit un registre gris à ruban rouge et commença à lire.

— Griffith, Warren, La Sconda, Benetiz, Skrinski, Grayson, Beel...

— Grayson, l'interrompis-je. Prénom ?

— Talbott, dit-elle. Talbott Grayson. Vous parlez d'un nom ! Mais nous avons des tas de types qui voudraient devenir acteurs, et qui prennent des noms à coucher dehors. Vous voyez ce que je veux dire ?

Cette fois, j'étais sûr. Il avait pris les noms des deux hommes dont il projetait la mort.

— Il est là ? dis-je, en arborant mon sourire le plus séduisant destiné à calmer les gens et qui a généralement l'effet contraire.

— Je ne sais pas, dit-elle. Je ne sais même plus à quoi il ressemble. Il y a tellement de passage. Chambre 3 D. Vous montez ?

— Je monte, dis-je. Vous me donnez le passe ?

— Je ne sais pas, dit-elle, en retroussant précautionneusement ses manches pour dévoiler deux coudes osseux.

— A votre aise, dis-je en haussant les épaules. Je peux enfoncer la porte d'un coup de pied. Ou vous pouvez monter avec moi. Ce sera peut-être un peu houleux ; alors, si vous venez, restez en arrière.

— Je reste ici. Je dois garder la réception, décida-t-elle en me tendant le passe. N'oubliez pas de le rapporter, et si vous emmenez le client, faites ça discrètement.

— Très discrètement, approuvai-je.

Je trouvai l'escalier, étroit et sombre, et montai au pas de course. Ma tête pulsait et je touchai mon bandage, que j'avais peur de perdre. Je réservais un chien de ma chienne à Ressner.

Le 3 D était au bout d'un couloir qui sentait le renfermé et le moisi.

Je frappai, prêt à imiter la demoiselle de la réception, le facteur ou le général Wainwright. J'en déciderais quand Ressner répondrait. Je mis la main dans ma poche sur mon .38 et refrappai. Pas de réponse. La clé s'adaptait parfaitement à la serrure et tourna facilement.

— Monsieur Talbott ? glapis-je, essayant d'imiter Butterfly McQueen dans *Autant en emporte le vent*.

Pas de réponse. Je sortis mon pistolet, prêt à flinguer Ressner, mais il n'était pas là. Aucune cachette possible. La chambre était petite, et je voyais clairement aussi la petite salle de bains. L'ameublement était du pur style d'avant-guerre, avec un lit dans un coin, qui pouvait passer pour un canapé si on remettait exactement comme il fallait le dessus-de-lit à fleurs, ce qui n'était pas le cas, un fauteuil dont un ressort cassé s'apprêtait à piquer le visiteur, une petite table, une coiffeuse fatiguée, et, au mur, un tableau représentant une Orientale dansant avec un éventail sur le nez.

La chambre semblait abandonnée, avec ses tiroirs ouverts, sa corbeille à papier métallique renversée. Je m'approchai de la petite table où je voyais un bout de papier griffonné. En m'approchant de la table, j'avais déjà mon plan tout prêt : j'allais prévenir la demoiselle de la réception, puis remonter et passer la journée et la nuit à attendre dans l'espoir que Ressner revienne, ce qui semblait peu probable. Puis je lus le message : TROP TARD, PETERS. COURAGE. JE N'AI QU'UN PEU D'AVANCE SUR VOUS.

Je remis mon pistolet dans ma poche, pliai la note, la mis dans une autre poche et fouillai la corbeille à papier. Rien.

Je quittai la chambre et redescendis l'escalier.

— Pas là ? me chuchota la femme en pointant sur moi sa cigarette.

— Non, dis-je en lui jetant la clé et en traversant le hall en vitesse.

— Qu'est-ce que je fais s'il revient ? reprit-elle, toujours murmurante.

— Il ne reviendra pas.

Je respirai à pleins poumons sur le trottoir, regardai le soleil printanier, en pleine forme. J'étais en route pour Fresno.

CHAPITRE X

Avant de quitter Los Angeles, je m'arrêtai dans une station-service Sinclair, et le préposé me regarda de travers quand il constata que la Ford ne prenait que dix litres.

Pas grand-chose pour me distraire de mes points de suture qui pulsaient furieusement, à part la circulation très fluide et mes efforts pour faire démarrer la radio. Une fois sorti de la ville et sur la nationale 43, les parasites bourdonnèrent au lieu de crachoter et, une fois, je captai même le faible murmure d'une station.

Un prédicateur d'apocalypse m'avertit sévèrement, et avec moi tout le reste de la Côte, que nous ferions bien de nous amender en vitesse si nous voulions avoir la résistance morale nécessaire pour rejeter les Japonais à la mer. Il prononçait « résistance » en quatre syllabes distinctes : ré-sis-tan-ceuh. Je n'arrivai pas à capter autre chose, alors je le laissai me tenir compagnie, avec ses citations de la Bible, jusqu'à Corcoran.

A l'*Elite Roadside Diner*, je mangeai un sandwich au poulet assaisonné d'une petite conversation sur la guerre. La conversation me déprima, mais le sandwich arrosé d'une orangeade maison était passable.

Le serveur au râtelier de cheval me posa des questions sur ma tête, et je lui dis que je m'étais saoulé et que j'avais essayé d'enfoncer une porte, style bélier. Explication qui lui parut raisonnable.

De retour sur la route, mon prédicateur m'abandonna. Sa voix commençait à faiblir et il passa le micro à une femme qui se mit à confesser ses péchés sur fond de musique d'orgue. Sa liste était étonnamment longue et peu fouillée dans le détail. Au bout de trente bornes, quelque part près de Selma, le son commença à faiblir, et ma tête à crépiter de parasites, ce qui m'inquiéta vu que je venais d'éteindre la radio. Le soleil commençait à descendre vers l'océan, au-delà des collines. Je décidai de m'arrêter pour la nuit et de m'attaquer à Winning le lendemain. Le problème, c'est que je ne trouvai pas un motel avant quinze kilomètres, et celui que je repérai consistait en une série de petites cabanes grisâtres, avec un panneau annonçant « Radio Gratuite ». Je m'arrêtai devant le *Rose's Rodeo Auto Hotel*, descendis, m'étirai et entrai m'informer s'il y avait de la place. Je m'attendais à avoir le choix.

Rose elle-même, souriante femelle en forme de ballon, était perchée sur un petit tabouret devant le comptoir.

— Chambre, bière, informations ou essence ? demanda-t-elle.

— Les quatre, répondis-je.

Elle quitta son tabouret, fouilla derrière le comptoir et en sortit une Falstaff. Elle fit sauter la capsule et me tendit la bouteille que je tins à bout de bras le temps de laisser gicler la mousse. C'était bon.

— Vous pouvez prendre la cabine 4, dit-elle. Ou la 1, la 2, la 3 ou la 6. Croyez-moi si vous voulez, mais la 5 est déjà prise. Les clients arriveront plus tard. Vous allez vers le nord ou le sud ?

— Vers le nord, près de Clovis, dis-je. L'institut Winning. Vous connaissez ?

— Je crois, dit Rosie, ouvrant une bouteille pour elle,

qui arrosa de mousse son poignet grassouillet. Grande baraque affreuse.

— On dirait que c'est ça, dis-je, avalant une rasade, ce qui me fit pulser le crâne.

— Vous avez un parent là-bas ? dit-elle.

— Non, j'y vais pour affaires.

— Ça ne va pas, votre tête ? dit-elle en montrant mon crâne de sa bouteille pour le cas où je n'aurais pas su où elle était.

— Non, mais ce n'est pas du ressort d'un psy. J'ai eu un petit accident. Je suis représentant. En abaisse-langue, pansements, des trucs comme ça. Trucs difficiles à trouver. Les militaires prennent tout.

— Ça ne m'étonne pas, dit Rose en finissant sa bière. Vous avez des bagages ?

— Bien sûr, dis-je, finissant aussi la mienne et reposant la bouteille vide sur le comptoir. Je les sortirai du coffre tout à l'heure. Et je prendrai de l'essence demain matin.

— On paye d'avance, dit-elle en sortant le registre d'inscriptions qu'elle tourna vers moi. Mais je n'ai rien contre vous.

— C'est les affaires, dis-je en prenant la plume et signant Cornel Wilde.

Elle lut la signature à l'envers.

— Vous n'êtes pas Cornel Wilde, dit-elle en réprimant un rot.

— Pas l'acteur, gloussai-je. C'est mon vrai nom. Une vraie croix pour un représentant en abaisse-langue. Les gens s'attendent toujours à voir la vedette. J'ai bien pensé à changer de nom, mais merde, je l'avais le premier.

— Je vous comprends. Trois tickets, plus vingt cents pour la bière. Si vous en voulez une autre, tenez-moi compagnie et vous l'aurez gratis.

Je sortis mon portefeuille, essayant de ne pas regarder

ma pile de billets qui s'amenuisait à vue d'œil, et lui donnai trois tickets. Je tirai la monnaie de ma poche en lui demandant où je pouvais dîner.

— Il n'y a rien de bien à moins de trente bornes, mais vous pouvez dîner avec moi vers huit heures, ou alors chez *Ed Don's*, à cinq kilomètres. Il a un boui-boui à côté de sa station-service.

Je lui fis les yeux doux et elle se mit à rigoler.

— Je n'ai pas de vues sur vous, fiston, dit-elle. Je ne suis qu'une vieille peau qui aime bien avoir un peu de compagnie le soir. Je vous raconterai des histoires de l'époque où on déboisait les collines, ou on écoutera la radio, ou vous pourrez retourner dans votre chambre. Libre et aucun lien. Merde, je n'arriverais même pas à les attacher s'il y en avait.

— Rosie, vous avez rendez-vous à huit heures, dis-je.

Je pris ma clé et passai la porte-moustiquaire. Je trouvai la cabine 4 sans problème. Elle était située entre la 3 et la 5. J'ouvris le petit verrou et retournai chercher ma voiture que je garai devant la porte. Je voulais aussi mon pistolet et ma brosse à dents que j'avais fourrée dans la boîte à gants.

Par la porte-moustiquaire, je voyais Rosie, devant une autre Falstaff, qui fixait son comptoir comme si c'était une boule de verre pleine de tristes secrets.

La cabine n'était pas mal ; j'en avais vu de pires. Elle était petite mais propre. Un lit avec une couverture verte et deux oreillers. Une petite coiffeuse peinte en marron. Une douche et une table de nuit avec la radio. Je l'allumai, fermai la porte à clé, tirai les rideaux des deux fenêtres en laissant entre eux un léger espace par lequel je surveillai la route, pour repérer la voiture qui me suivait depuis que j'avais quitté *Los Olvidados*. Lui ou elle n'y connaissait rien en filature, mais même si il ou elle s'y était entendu, l'exploit aurait été difficile. C'était une grande voiture sombre, sans doute une Packard, mais je n'en étais pas sûr. Elle était restée trop loin derrière.

Je posai mon pistolet sur mes genoux et continuai à surveiller. Au bout d'une heure, pas de voiture. Peut-être qu'elle m'avait perdu, mais j'en doutais. Je mis une chaise devant la porte et la coinçai sous la poignée, je me déshabillai, gardant mon .38 à portée de la main, et je pris une douche.

Après ma douche, je jetai un coup d'œil par la fenêtre. Il y avait une autre voiture, mais c'était une petite Oldsmobile. A côté, un jeune couple et un môme qui chialait si fort que je l'entendais d'ici. Je m'allongeai sur le lit, laissai la radio jouer doucement, me tournai sur le flanc et m'endormis. Je crois que je rêvai de Cincinnati. Peut-être pas. Je ne me rappelai qu'une bribe de rêve à mon réveil. Le soleil était couché et la chambre était noire, à part le cadran lumineux de la radio qui m'annonça que c'était l'heure de Fred Waring.

Je sautai dans mon pantalon, fourrai mon pistolet dans mon veston, éteignis la radio et sortis. Il y avait quelques autres voitures, mais toujours pas de Packard.

Rosie m'attendait. Elle avait changé sa robe-sac à patates contre une autre robe-sac à patates, et avait mis une barrette de môme dans ses cheveux.

— Je croyais que vous aviez changé d'idée, dit-elle.

— Je me suis endormi, expliquai-je. J'espère que je ne suis pas en retard.

— Bah, vous auriez pu venir à minuit sans être en retard, gloussa-t-elle en me faisant passer derrière le comptoir, puis dans l'arrière-salle.

Je la suivis et vis une table de bridge couverte d'une nappe avec deux couverts. Il y avait deux grands bols dessus et une assiettée de pain noir. Pendant que Rosie sortait deux bières, je vis que les bols étaient pleins de salade de thon-pommes de terre.

— Ça a l'air bon, dis-je sincèrement.

— Allez-y, dit-elle.

Et on y alla.

— Comment vont les affaires ce soir ? demandai-je innocemment.

— Assez bien. Encore quelques cabines libres. J'aurai peut-être encore un client, ou même deux, avant minuit. Ça arrive de temps en temps.

Silence. Je repartis à l'attaque.

— Surtout des familles, je suppose.

— Surtout des familles. Quelques solitaires, comme vous, dit-elle en piquant un morceau de thon de sa fourchette. Vous feriez mieux d'accoucher. Qui c'est que vous attendez ?

Je bus une rasade de bière, attendis le rot, puis lui racontai toute l'histoire, qu'elle écouta sans cesser de manger, les yeux écarquillés.

— Ça alors, c'est mieux que « J'adore le mystère », dit-elle. Bien mieux que mes histoires de bûcherons. Pour ne rien vous cacher, je n'arrive pas à décider si vous êtes un dingue ou le genre de type qui se retrouve toujours dans le merdier. Je crois que vous seriez plutôt du genre merdier.

— Vous m'avez compris.

Je lui portai un toast et lui racontai quelques autres histoires tout en mangeant et buvant. Puis j'écoutai ses souvenirs de bûcherons avec la glace au chocolat.

— Bon, je ferais bien d'aller me coucher, dis-je. C'était formidable. Reconnaissance éternelle.

Je me penchai, lui déposai un baiser sur le front et elle rougit de tous ses cent cinquante kilos.

— Cornel Wilde, gloussa-t-elle en revenant à la réception. Je vais surveiller votre type à la Packard.

— Appelez-moi s'il s'amène, dis-je en sortant.

La porte-moustiquaire claqua derrière moi, chassant une seconde les moustiques qui revinrent en force la seconde d'après. Dans le noir, les grillons chantaient, et, au loin sur la route, je ne sais pas de quel côté, un camion changea de vitesse.

J'inspectai ma chambre avant d'entrer, remis la chaise devant la porte, me déshabillai et m'endormis sur le flanc, l'oreiller dans les bras et le .38 dans la main.

La nuit passa comme un éclair. Je me sentais en pleine forme. Mon pistolet était toujours là. La chaise était toujours coincée sous la poignée de la porte, et ma tête me faisait moins mal que la veille. Tout était parfait. Jusqu'au moment où je m'approchai du lavabo pour me laver les dents et aperçus la fenêtre de la douche. Elle n'était pas très grande, mais assez pour livrer passage à quelqu'un, et elle était ouverte. Or elle était fermée la veille.

Il n'y avait aucune cachette, et j'étais encore vivant. Je vérifiai mon pistolet. Il était toujours chargé. Je vérifiai mon pantalon. Mon portefeuille avait disparu. Vingt tickets, mon permis de conduire et mon badge Dick Tracy. Je m'habillai en vitesse et allai rendre visite à Rosie assise dehors devant le bureau, les mains croisées sur le ventre et la tête renversée en arrière, absorbant le soleil.

— Rosie, dis-je.

Elle ouvrit les yeux et me fit un petit sourire.

— Bonjour, dit-elle en remuant sa grosse masse sur la chaise qui craqua.

— J'ai eu de la visite. Quelqu'un est entré par la fenêtre de la douche et m'a fauché mon portefeuille. Le type à la Packard s'est montré hier soir ?

Rosie secoua sa tête et ses mentons en un non définitif.

— Il a pu venir quand je me suis endormie vers une heure du matin, dit-elle. Dans ce métier, on dort par petits bouts, surtout pendant les heures creuses. Mais c'est peut-être quelqu'un du coin ; Fowler est à quinze kilomètres. Ou peut-être un autre client. Il y a tous les genres.

— Vous fatiguez pas, soupirai-je. Vous voulez acheter un .38 automatique ?

Elle me dit que non.

— Et si je vous le laissais en gage contre un prêt de dix tickets que je vous rendrai en revenant, avec deux tickets d'intérêt ? Je vais voir le client dont je vous ai parlé.

— J'ai une meilleure idée, dit Rosie, se levant en gémissant. J'ai un peu travaillé comme infirmière à Trenton. C'est dans le New Jersey. Je vais vous changer votre pansement, et je vous prêterai dix dollars. Vous pourrez me les rendre en repassant.

— Vous êtes mariée, Rosie ? dis-je.

Elle me fit signe de la suivre dans le bureau.

— Paraît, dit-elle. En principe, Al est cuisinier dans une scierie, près de Portland. Il est parti depuis un an, un an et demi.

— Dommage, soupirai-je. J'allais faire ma demande.

— Encore des salades, gloussa-t-elle en se retournant pour me faire asseoir. Vous êtes marié ?

— J'étais. Plus maintenant. Elle s'appelait Anne.

— Elle est morte ? demanda Rose, empilant ses trésors médicaux sur la table.

— Non. Elle est vivante, et elle s'appelle toujours Anne.

— Annie, Annie était la fille du meunier, dit Rosie en passant derrière moi pour changer mon bandage.

— Elle s'égara loin des eaux murmurantes, dis-je en continuant la chanson.

— Ce n'est pas le chemin, soupira doucement Rose en enlevant mon pansement. Ce n'est pas le chemin.

Rose finit de me bichonner, me donna dix billets d'un ticket tirés d'une boîte à cigares qu'elle gardait sous son comptoir, et me fit le plein, ce qui ajouta un peu moins de deux dollars à ma dette.

— Attrapez le méchant, me dit-elle en me faisant au revoir d'une main grassouillette.

Et je repartis vers le nord, me demandant qui pouvait bien entrer par la fenêtre dans une chambre où dormait un homme armé d'un pistolet, au risque de se faire défoncer le crâne.

Le reste du voyage fut lent, bien au-dessous de la limite de vitesse, car je n'avais pas de permis, et les dix tickets de Rosie n'auraient pas suffi à couvrir une contredanse pour conduite sans permis et excès de vitesse.

La radio ne me fut pas d'un grand secours. Je renonçai à écouter un péquenot gémir sur la seule station que je pouvais capter à travers les parasites. Dans sa chanson, il avait perdu ses rêves en Ca-li-for-ni-euh, et souhaitait retourner au Mis-sou-ri-i-i. Merde, j'étais en pleine forme. J'avais les dents propres, un pansement neuf, et quelque part, devant ou derrière moi, se trouvait Ressner dans la Packard. Tôt ou tard, l'un de nous rattraperait l'autre. En attendant, je le ramenais à l'institut Winning.

Je traversai Fresno sans m'en apercevoir. J'arrivai à la nationale 41, la suivis jusqu'à la 168 et cherchai la route que Winning m'avait indiquée. Je faillis rater et la route et le panneau sur le rocher. Je ralentis encore et trouvai un chemin et un panneau en émail annonçant l'institut Winning au bout de la flèche. Le chemin était pavé, plat et étroit, pas assez large pour deux voitures, bordé des deux côtés d'arbres dont les branches frôlaient parfois le toit de ma Ford.

A environ deux kilomètres, une flèche conseillait de tourner à droite toute. Je tournai et me retrouvai devant la grille en fer forgé de l'institut Winning. Elle avait dans les quatre mètres de haut, avec des barreaux terminés par des flèches pointues.

A deux cents mètres derrière la grille se dressait un bâtiment de trois étages, flanqué d'un rejeton d'un étage, tous deux en pierre noire. Tous deux avaient des tourelles aux coins. Ça ressemblait un peu au Xanadu de *Citizen Kane.* La grille était fermée et gardée par un jeune gars blond en uniforme blanc. Il était assis devant une petite guérite, sur une chaise qu'il penchait en arrière de sorte que les deux pieds avant ne reposaient pas sur le sol. Il était adossé contre la guérite, les mains derrière la tête. Par terre près de lui, un journal.

Je passai la tête par la portière et dis :

— Salut. Je viens voir le Dr Winning.

Le jeune blond me regarda, déplaça son chewing-gum dans sa bouche et reposa par terre les deux pieds avant de sa chaise.

— Votre nom ? dit-il.

— Peters, dis-je. Toby Peters.

— Oui, dit-il en ouvrant la grille. Vous êtes attendu. Continuez tout droit. Garez-vous à l'endroit indiqué « Visiteurs ».

Il me sourit du sourire factice qu'on réserve à ceux qui ne comprennent jamais rien et avec qui il faut se montrer indulgent. Vu les résidents de l'institut Winning, tout le monde devait faire comme lui.

Je le remerciai et entrai. Dans le rétroviseur, je le vis refermer la grille. Je continuai. Des deux côtés du chemin, les terres étaient plates et, au loin, je vis quelqu'un en blanc pousser une tondeuse à gazon. Pour un seul homme avec une seule tondeuse, ça devrait l'occuper jusqu'à la fin de ses jours, de tondre toutes ces pelouses.

C'était à environ trois cents mètres de la façade. De près, je vis que les deux bâtiments étaient bien en pierre noire, et construits comme des châteaux. Le porche, ou la véranda du plus grand, devant lequel je me garai à l'endroit marqué « Visiteurs », détruisit cette illusion. Elle était large, blanche et en bois et semblait provenir d'une maison de retraite et avoir été greffée là après coup.

Sur la véranda, un quatuor jouait aux cartes, surveillé par une infirmière en blanc, debout à côté d'eux. Je descendis de voiture, traversai le gravier du parking et montai les quatre marches de la véranda, qui gémirent bruyamment. Les joueurs ne levèrent pas les yeux. L'infirmière, derrière ses lunettes, m'adressa le même sourire indulgent que le garde de la grille.

— Joue ou passe, dit l'un des joueurs à un autre en lui flanquant une tape.

L'infirmière reporta son attention sur le fautif, lui toucha la main et la ramena de son côté de la table. Je poussai la porte en bois et entrai dans un hall plein de fougères, au parquet de bois sombre et aux murs tapissés de papier à fleurs bleues et de portraits avantageux d'autres Winning du passé.

Une infirmière se tenait juste derrière la porte, légèrement sur le côté. Elle s'avança comme si elle m'attendait. Taille moyenne, teint brouillé, cheveux châtains. Derrière elle se dressait un Noir vêtu de blanc à peu près aussi grand que moi. Il ne me gratifia pas d'un regard indulgent. Il avait le haut du corps massif, comme une créature de B.D. ou de Michel-Ange.

— Monsieur Peters ? dit-elle. Je suis l'infirmière Grace. Et je vous présente M. C. Nous allons vous conduire au Dr Winning.

Je les remerciai et les suivis vers la gauche. M. C. marchait à côté de moi. Je me demandai pourquoi on me fournissait une escorte armée. Peut-être avaient-ils plus de raisons de craindre Ressner que je ne le pensais.

On enfila un corridor interminable et on s'arrêta devant une porte anonyme. Miss Grace l'ouvrit et entra devant moi. Je la suivis, M. C. sur les talons.

— Devons-nous nous laver les mains avant d'être admis auprès du Dr Winning ? demandai-je.

— Ce ne sera pas nécessaire, répondit Miss Grace avec le plus grand sérieux.

La pièce était spacieuse et confortable, avec un lourd bureau en acajou et un fauteuil pivotant en cuir derrière. Il y avait un canapé en cuir assorti contre un mur, et plusieurs autres fauteuils pas tout à fait aussi confortables. Derrière le bureau, une haute fenêtre ouvrait sur le parc. Aucun arbre n'obstruait la vue, libre jusqu'à la grille.

Je m'assis et considérai Miss Grace et M. C.

— Eh bien, essayai-je, avez-vous parié dans le derby ?

M. C. fit non de la tête. Miss Grace eut un sourire indulgent. Je touchai mon bandage. J'avais laissé mon chapeau dans la voiture, de sorte que je ne pouvais pas jouer avec. Quelque part, tout près, j'entendis un bruit de casseroles.

Je consultai ma montre sans me soucier de ce qu'elle disait.

— Je parie qu'il y a de l'action ici les jours de pleine lune, dis-je en tournant la tête vers M. C., debout à ma droite.

Le monologue aurait pu continuer indéfiniment, mais je fus malheureusement interrompu par un petit mec trapu d'environ trente-cinq ans, qui entra par la même porte que nous. Il avait des cheveux châtains en bataille et une moustache broussailleuse assortie. Il portait un pantalon noir, une chemise blanche et un gros gilet de laine à boutons.

— Désolé d'être en retard, dit-il, cordial. Vous devez être...

— Peters, dis-je en me levant pour lui serrer la main.

— Exact, sourit-il, s'appuyant contre le bureau en se croisant les bras. Je pense que vous pouvez nous laisser seuls, maintenant. Nous avons à parler.

Il fit un signe à Miss Grace qui tourna les talons et

sortit, suivie de M. C. qui referma la porte derrière lui. Je me rassis et considérai le mec au gilet.

— Je suis ici pour voir le Dr Winning, dis-je.

— Bien sûr, reconnut-il. C'est au sujet de M. Ressner, n'est-ce pas ?

— C'est exact, dis-je. Vous savez quelque chose sur Ressner ?

— Oh, pas mal de choses, dit-il. Pas mal. Vous permettez que je fume ?

Il sortit une pipe de son gilet avant que j'aie le temps de répondre.

— Je vous prie de ne pas vous offenser de ma demande, monsieur Peters, mais nous avons eu quelques problèmes de sécurité, comme vous savez. Pourriez-vous me montrer une pièce d'identité ?

— On m'a volé mon portefeuille ce matin au *Rose's Rodeo Auto Hotel*, dis-je. Je crois qu'il vaut mieux que j'attende le Dr Winning pour en discuter avec lui. Enfin, s'il n'est pas mort.

— Il est bien vivant, dit le mec en allumant sa pipe. Tout ce qu'il y a de plus vivant. Vous avez déjà rencontré le Dr Winning ?

— Oui, dis-je. A Los Angeles. Il y a quelques jours.

— Bien sûr, dit-il en s'appuyant sur son bureau et en me regardant avec un sourire indulgent. Voulez-vous me rendre un service ? Question de sécurité ?

— Peut-être, dis-je, me demandant si je me trouvais devant un dingue en cavale.

— Décrivez-moi le Dr Winning.

— Sécurité ? demandai-je.

— Faites-moi plaisir, dit-il avec un sourire en tirant sur sa pipe.

— Environ un mètre quatre-vingts, la cinquantaine, yeux bleus... Ça suffit ?

— Oui, je vous remercie, dit le mec au gilet en se

passant la main dans les cheveux et en se retournant pour prendre un crayon.

— Monsieur Peters, j'ai une nouvelle ennuyeuse à vous annoncer, dit-il avec sérieux, et je voudrais que vous la preniez calmement.

— J'ai vu des émeutes, des meurtres, et d'autres choses que vous n'imaginez sans doute même pas, dis-je avec une pointe délicate de sarcasme. Il en faudrait beaucoup pour me démonter. De quoi s'agit-il ? Winning est mort ? Ressner l'a tué la nuit dernière, c'est bien ça ?

— Non, monsieur Peters, dit-il en me regardant de ses yeux bruns pleins de sympathie. Le Dr Winning est bien vivant, je suis bien placé pour le savoir, puisque le Dr Winning, c'est moi.

CHAPITRE XI

— Alors ? fit Winning avec curiosité en tétant toujours sa pipe.

— Laissez-moi deviner, fis-je. Ce signalement que je viens de vous donner ? Mon Dr Winning, c'était Ressner, non ?

— Avec quelques restrictions, un signalement acceptable de Ressner, concéda-t-il.

Mon esprit se mit à claquer comme une machine à écrire, mais le ruban était blanc. Rien n'avait de sens.

— Comment avez-vous su que je venais ? Ressner ne vous a pas appelé. Et pourquoi diable m'a-t-il payé cinquante dollars pour...

— C'est votre sœur qui a appelé.

— Ma sœur ? Je n'ai pas de sœur.

— Elle a appelé, ou quelqu'un a appelé, se présentant comme votre sœur. Elle nous a dit aussi que votre vrai nom est Tobias Leo Pevsner.

Il avait triché, en jetant un coup d'œil sur un bloc derrière lui.

— Exact, c'est mon nom. J'ai pris un pseudonyme pour les affaires. Je suis détective privé.

— Mais oui.

Il passa derrière son bureau et s'assit.

— Vous arrêtez les criminels et protégez la veuve et l'orphelin. Exactement comme Sam Spade.

— Quelque chose dans ce goût-là. Parlons plutôt de Ressner. Vous voulez le retrouver, n'est-ce pas ?

— Nous voulons le retrouver, dit le Dr Winning. Nous avons prévenu la police de l'Etat et accompli toutes les formalités administratives. Nous n'irions jamais engager un détective privé. Comment vous êtes-vous blessé à la tête ?

La tondeuse apparut au loin derrière Winning. Il se balançait lentement de gauche à droite, comme la vedette d'un film emmerdant, et j'essayais de ne pas le regarder.

— Ressner m'a assommé, expliquai-je, juste avant de tuer Richard Talbott, l'acteur.

— Ressner a tué Talbott, dit-il d'une voix égale. M. Ressner n'a jamais manifesté aucune propension à la violence durant tout le temps qu'il a passé ici.

— C'est qu'il va beaucoup mieux maintenant, dis-je avec irritation en me levant. Il a surmonté toutes ses inhibitions et il a tué deux personnes. Vous pouvez être fier de votre boulot. Formidable !

— Vous n'avez aucune pièce d'identité ?

— Je vous l'ai déjà dit ! m'écriai-je avec, cette fois, quelque chose de plus que de l'irritation. On m'a volé mon portefeuille. Avec mon argent, mon permis de conduire, et mon badge Dick Tracy.

— Votre badge Dick Tracy, répéta-t-il avec une moue indulgente.

— C'est une plaisanterie, expliquai-je. Les détectives privés n'ont pas d'insigne. Mais les gens aiment bien les insignes, et ça ne fait de mal à personne s'ils se figurent que je suis flic.

— Etes-vous policier ?

Maintenant, il prenait des notes, ouvertement.

— Non, enfin, si, je suis policier privé. J'ai été flic à

Glendale. Puis j'ai travaillé à la Warner Brothers. Mon frère est flic, lui. Dans la police de Los Angeles. A la Criminelle. Vous pouvez décrocher votre téléphone et l'appeler. Vous croyez que je joue un personnage, non ?

— Pas du tout, monsieur Pevsner, dit-il, votre frère est policier. Et votre sœur ?

— Je n'ai pas de sœur.

— Et vos amis ? dit-il, notant toujours consciencieusement mes paroles. Vous avez des amis ? Je veux dire des gens auprès de qui nous pourrions vérifier votre identité ? N'oubliez pas que nous sommes ici dans une situation délicate. Vous pourriez être un ami de M. Ressner.

La tondeuse avait maintenant atteint le milieu de la fenêtre et se rapprochait régulièrement.

— Gunther Wherthman, dis-je, ou peut-être crachai-je.

— Parlez-moi de lui, dit Winning.

— C'est un nain. Enfin, une petite personne.

Winning hocha la tête.

— Il est suisse. Il y a aussi Jeremy Butler.

— C'est un nain ? demanda Winning en se grattant le cou.

— Non, plutôt un géant. Et si on arrêtait ces salades ? Appelez plutôt l'un ou l'autre, ou l'ami avec qui je partage mon bureau.

— Vous avez un associé ? dit-il en levant les yeux.

La tondeuse approchait du bout de la fenêtre.

— Comme Spade et Archer ?

— Non, Shelly est dentiste.

— Vous êtes associé avec un dentiste ?

— Je n'ai jamais dit que nous étions associés. J'ai dit que nous partagions le même bureau. Ecoutez, Doc, tout ça ne nous mène nulle part. Quelqu'un vous fait marcher, et vous gobez tout. J'ai un long chemin à faire pour rentrer, et des tas de questions à débrouiller. Je m'en vais. Il y a des gens qui ont besoin de mon aide, et je vois bien que vous n'avez pas envie de coopérer.

— Quels gens ? dit-il, écrivant toujours.

J'envisageai d'arracher son bloc de ses mains ou son nez de sa figure.

— Mae West et Cecil B. De Mille, pour n'en citer que deux, dis-je, les dents serrées.

— Ah, si je comprends bien, vous pensez que Jeffrey Ressner projette de les tuer, et que c'est votre devoir de les protéger ?

— Vous m'avez parfaitement compris.

Maintenant, la tondeuse avait disparu. J'avais envie de me lever pour changer de point de vue et continuer à la suivre des yeux. Avec sa progression régulière et apaisante, c'était, sinon quelque chose de raisonnable, du moins quelque chose à quoi me raccrocher.

— Ecoutez, vous n'avez qu'à consulter vos fichiers pour vous renseigner sur toutes ces célébrités. Il y a quatre jours, ce salopard est allé chez Mae West déguisé en travelo et a essayé de me tuer.

— M. Ressner a essayé de vous tuer ?

— Vous ne croyez pas qu'on pourrait parler sans que vous répétiez tout ce que je dis ? J'ai l'impression d'entendre un écho.

— Désolé, dit-il. Un écho ?

Je pointai le doigt sur lui en déclarant :

— Je m'en vais.

— Que s'est-il passé chez Mae West ? continua-t-il sans prendre garde à mes adieux.

— Jeremy m'a sauvé la vie, merde !

— Jeremy, c'est le nain ? dit-il.

— Non, le géant. Bon, j'en ai marre. Je me tire. Si je trouve Ressner, je le livrerai aux flics. J'en ai par-dessus la tête de l'institut Winning.

— Encore une chose, dit Winning sans accorder la moindre attention à ma colère. Monsieur Pevsner, votre sœur nous a demandé de vous garder quelques jours en observation, plus longtemps peut-être. Il paraît que vous avez déjà eu des accès semblables, et que vous pouvez parfois être autodestructeur. Monsieur Pevsner, nous avons trouvé un pistolet dans votre voiture.

— Il est déclaré, dis-je. Remettez-le où vous l'avez trouvé. Il m'appartient. Je ne possède pas grand-chose, mais ce que je possède, j'aime bien le garder.

— Votre sœur nous a dit au contraire que vous avez pas mal de biens en Arizona, dit Winning qui se leva et me regarda. Elle nous a fait parvenir un chèque très conséquent. Maintenant, expliquez-moi pourquoi une sœur inexistante nous adresserait un chèque fort généreux ?

Je respirai un bon coup, pour une dernière tentative de persuasion, avant de jeter l'indulgent Dr Winning par la fenêtre.

— C'est un coup monté, dis-je. Ressner s'est fait passer pour vous, il m'a attiré ici, il m'a volé mon portefeuille et a payé quelqu'un qui s'est fait passer pour ma sœur.

— Pourquoi M. Ressner irait-il faire une chose pareille ? demanda Winning en posant sa pipe dans un cendrier en bois.

— Pour se débarrasser de moi pendant qu'il s'occupera de Mae West et de De Mille. Parce qu'il ne me porte pas dans son cœur, et s'imagine avoir un compte à régler avec moi. Parce qu'il est fou, condition sur laquelle vous êtes censé avoir certaines connaissances.

Winning écrivit encore quelque chose puis posa son bloc.

— Non, dit-il avec tristesse. Où Jeffrey Ressner aurait-il trouvé une somme aussi importante que celle qui est arrivée ici ce matin ? Et ces histoires que vous me racontez ! Mettez-vous à ma place, monsieur Pevsner.

— Peters, corrigeai-je en serrant les poings.

— Peters, dit-il avec un sourire. Si Ressner a monté un complot, nous le découvrirons. Pourquoi ne pas coopérer avec nous un jour ou deux ? Quelques jours de repos payés d'avance ? Nous vérifierons vos déclarations, votre frère, vos amis.

Nos yeux se rencontrèrent, et je compris qu'il disait ça pour gagner du temps. J'essayai de trouver un moyen de percer son indulgente indifférence, puis je baissai les bras.

— Vous savez ce que je vais faire ? dis-je.

— Non. Quoi ?

— Je vais sortir d'ici, tranquillement si je peux, mais si je ne peux pas, je vous fais rebondir sur le mur.

Winning ne se démonta pas.

— Comme un écho ? dit-il en passant la main sous son bureau.

J'entendis un bourdonnement dans le hall et compris qu'il venait d'enfoncer un bouton dissimulé dessous.

Je me tournai vers la porte, et je vis entrer M. C., avec Miss Grace un pas derrière.

— M. Pevsner va rester chez nous un jour ou deux, dit Winning en tapotant son bloc.

— Dégagez la voie, monsieur C., annonçai-je en tendant le bras.

— Pas de violence, répondit-il en bloquant la porte.

— Je crois qu'il est un peu tard pour ça, dis-je, me déplaçant légèrement sur la droite, dans l'idée de me faufiler en vitesse entre M. C. et la porte en passant sur le corps de Miss Grace.

— Peut-être, dit-il.

Tout le monde était raisonnable dans cette putain de clinique.

— Maintenant, je me tire, dis-je, en faisant un pas vers la sortie.

M. C. fit non de la tête, doucement. Je me tournai vers

le Dr Winning qui me regardait, les yeux tristes et paternels. Je faisais partie de ses enfants, maintenant.

Je passai à l'action et filai un coup d'épaule à M. C. Il esquiva, voulut me saisir le bras, et me manqua. Je poussai Miss Grace et fonçai dans le couloir. Mais je n'avais pas fait trois mètres que M. C. me ceinturait et me soulevait de terre. J'avais l'impression d'être un ballon de rugby sur le point de participer à une mêlée animée.

— Du calme, mon vieux, me dit-il à l'oreille.

Je lançai mon coude en direction de sa tête et sentis que j'avais établi le contact. J'avais mal au coude, mais il ne desserra pas son étreinte. Il m'assit par terre. J'entendis des pas se rapprocher derrière nous, et j'aperçus les souliers blancs de Miss Grace.

— Vous avez besoin d'aide ? dit-elle.

— Somnifère, c'est tout, dit doucement M. C. comme pour en finir au plus vite afin de se consacrer à des choses plus sérieuses.

Il m'immobilisa le poignet droit d'une main de fer. Miss Grace était à genoux, et je vis quelque chose dans sa main. Une seringue.

— J'ai déjà été vacciné, dis-je en me débattant pour me libérer.

— Pas pour ce voyage, dit M. C.

Et la seringue s'enfonça dans mon avant-bras.

Je crois que Koko essaya de les arrêter. Du moins apparut-il presque tout de suite, plus joyeux que jamais. Son image était merveilleusement nette, et, pour la première fois, en couleurs. J'aurais voulu ouvrir les yeux pour dire à M. C. et à Miss Grace que Koko m'était apparu en couleurs, mais ce me fut impossible. Koko me prit par la main et me conduisit dans l'encrier. J'avais des choses à faire, des gens à sauver, mais il est impossible de résister à Koko. On resta en équilibre un instant au bord de l'encrier, et, juste avant de plonger, je vis un crayon descendre sur nous. Un crayon qui ressemblait étrangement à une aiguille.

Quand je me réveillai, j'eus l'impression qu'il ne s'était écoulé que quelques secondes. J'étais couché sur un lit. Il y en avait un autre à ma gauche. Au-delà du lit, un mur, percé d'une petite fenêtre à barreaux ouvrant sur la nuit. Fixé au plafond bas, un tube fluorescent circulaire éclairait les murs blancs. Sur l'autre lit, un homme d'aspect puissant, aux cheveux queue de vache et en pyjama rouge et vert éclatant, confortablement appuyé contre des oreillers, lisait un bouquin de Daphné Du Maurier.

On se dévisagea quelques instants, puis je tournai la tête et fermai les yeux. Mais je ne pouvais pas dormir, et je le savais. Miss Grace et sa dose massive de somnifères m'avaient déjà flanqué un mal de crâne pas triste. Comme je me tâtais sous la couverture pour découvrir ce que je portais (c'était un pyjama gris hôpital) je réalisai que, puisque j'étais un fou potentiel, mon compagnon devait être aussi un malade mental. Peut-être n'était-ce pas sage de lui tourner le dos. En me tournant vivement pour me remettre face à l'homme au pyjama éclatant, j'oubliai mes points de suture.

— Vous avez la migraine ? me dit-il. Vous voulez prendre un verre ?

Il se pencha en clignant de l'œil.

— Non. Non, merci.

— Vous permettez que je fasse mes exercices ?

Il posa son livre et se mit debout à côté de moi, entre les deux lits.

— Allez-y.

L'homme disparut soudain, et je mis quelques secondes à comprendre qu'il s'était laissé tomber par terre. Me penchant paresseusement au bord du lit, je le vis assis en lotus, dents serrées et cramoisi. Il émit un léger grognement et sa rougeur empira. Puis le rouge se mit à virer au blanc, et il se détendit et se coucha sur le ventre. J'eus l'impression qu'il s'était endormi. Mais il leva les bras en arrière, souleva ses jambes du sol, de sorte qu'il se retrouva en équilibre sur le ventre, fixant d'un œil douloureux le mur devant lui. Son regard n'imprima pourtant rien sur la paroi, à part les empreintes digitales qui y figuraient déjà, et qui formaient des dessins variés.

— Vous vous demandez pourquoi j'ai attendu votre réveil pour faire mes exercices, n'est-ce pas ?

— Non, dis-je en essayant de me débarrasser de la sécheresse que les drogues avaient laissée dans ma bouche et dans ma cervelle.

— La vérité, c'est que j'aime avoir un public. Autrefois, ça me donnait un sentiment de culpabilité.

Il tamponna son visage en sueur d'un pan de son pyjama.

— Je me retrouvais en train de faire mes exercices devant les invités, et ma femme disait que c'était pour me faire admirer. Moi, je ne pensais pas à en étaler. Je faisais simplement ce que j'avais envie de faire au moment où j'avais envie de le faire, sans me soucier d'analyser le phénomène. Au diable ma femme ! Je le disais alors, et je le dis encore aujourd'hui.

On se considéra en silence une bonne minute.

— Je m'appelle Sklodovich, Ivan Sklodovich, dit-il en me tendant la main, ce qui m'obligea à me déplacer sur mon lit pour lui tendre une main molle. Ne vous en faites pas, je ne serre pas. Je ne cherche pas à impressionner par ma force dès la première rencontre. Cela crée une tension compétitive qui est difficile à surmonter. Vous voyez ce que je veux dire ?

— Oui. Je m'appelle Peters. Toby Peters.

— Enchanté. Ecoutez, Toby, on m'appelle Cortland ici. Le personnel, je veux dire. Je n'aime pas ça, mais je le supporte. Ça ne me coûte rien de me laisser appeler Cortland, hein ?

— Non.

— Vous comprenez, mon père était soudeur, en Russie, et quand il est arrivé en Amérique, il a inventé un nouveau procédé de soudure. Il voulait devenir un gros magnat de l'industrie, c'est pourquoi il a changé de nom et s'est fait appeler Cortland. Mais ça n'a servi à rien. Personne ne voulait de son procédé, et personne ne voulait d'un petit Russe rondouillard et barbu qui s'appelait Cortland. On pensait qu'il était espion bolchevik ou autre chose de louche. Pendant vingt ans, ma famille a caché le nom solide et paysan de Sklodovich derrière le nom aseptisé de Cortland. Mais c'est fini. Je suis Ivan Sklodovich. Peters. Vous êtes le Peters qui peint les fresques dans les égouts ?

— Non, je suis détective.

— Défective ?

— Détective. Privé.

— Ah ! Aussi, je me demandais bien ce que c'était qu'un défective. Nous sommes dans une clinique psychiatrique, vous savez ?

— Oui, je sais.

Et je lui racontai mon histoire, sous forme condensée. Tout en m'écoutant, il battait tout le temps des paupières, et il mangea une orange après me l'avoir offerte.

Quand je mentionnai Ressner, Cortland alias Sklodovich interrompit quelques instants sa mastication agrumique et hocha la tête d'un air entendu.

— Je connais Ressner, dit Cortland, quand j'eus fini de lui raconter comment j'étais devenu le prisonnier de Winning. Je travaillais dans un bureau. Je vendais du papier carbone. Le Carbone Whitney, celui qui laisse une impression nette sur le papier, et pas de traînées sur les mains. Vous connaissez ? De représentant, traînant de papeterie en école en passant par les drugstores, je fus promu au rang de Directeur régional des ventes de San Diego Nord, avec une secrétaire myope et mon bureau personnel dans une vieille baraque dont les fenêtres avaient l'air de matériaux de récupération en provenance des chiottes de la gare. Ma secrétaire, Phyllis, ôta un jour ses lunettes, je tombai amoureux d'elle et l'épousai. Les ventes de papier carbone augmentèrent à San Diego Nord, et je fus promu au rang de Directeur adjoint de la division du Midwest, chargé des réclamations. Cela m'amena à Los Angeles, où Phyllis apprit à jouer au bridge, et où les ventes montèrent en flèche.

A ce point, je dus faire une grimace, car Sklodovich remarqua :

— Prenez patience. J'arrive à Ressner.

— Désolé, dis-je.

— Maintenant que j'y pense, je ne vois pas ce que j'ai fait pendant les quatre ans que j'ai passés dans ce grand bureau. Puis les ventes tombèrent. Allez savoir pourquoi. Les ventes de carbone dépendent un peu de la concurrence, et beaucoup d'une société adonnée aux triplicata. Quoi qu'il en soit, les factures augmentèrent, mes commissions baissèrent, et Phyllis se fit avorter. Le vieux John Whitney Lickter commença à m'asticoter, et je commençai à m'inquiéter sérieusement au sujet d'Hitler. Mais Lickter était plus inquiétant, parce que j'étais obligé de supporter tous les jours son visage ratatiné et grincheux, en lui inventant des excuses. J'en arrivai au point où je ne pus plus supporter sa remarque sempiternelle : « Est-ce là votre rapport total et complet, monsieur Cortland ? Il laisse beaucoup à désirer. » Si une chose m'a rendu fou, c'est bien cette remarque répétée tous les matins, en sirotant son thé dans une chope marquée de ses initiales J.W.L. et en tripotant sa verrue au menton, le vieux con. Cela ne vous choque pas que j'émaille mon discours de quelques termes grossiers ?

— Pas du tout.

— Il faut nous faire des concessions mutuelles. Après tout, nous sommes des malades mentaux. Cela ne vous choque pas que je fasse allusion à nos problèmes mentaux, n'est-ce pas ?

— Je n'ai aucun problème mental. Il s'agit d'une erreur, je vous l'ai dit.

J'essayai de m'asseoir et de déglutir, mais la volonté n'y suffit pas. En ce moment, Ressner était peut-être en train de massacrer Mae West, pendant que je faisais semblant d'écouter les divagations de ce dingue.

— Peut-être, dit Sklodovich en se rallongeant sur son lit. Ce ne serait pas la première fois, et ce ne serait pas la dernière. Vous ne m'en voulez pas de mes discours, au moins ? En fait, je ne devrais pas consacrer tant de temps à m'excuser. C'était un de mes problèmes. Je m'excusais tout le temps. Auprès de ma femme, de Lickter, des papetiers.

— Vous deviez me parler de Ressner.

— Ah oui. Donc, un matin que j'avais raté ma correspondance et que je m'étais disputé avec le chauffeur de l'autobus pour qu'il me change un billet de cinq dollars, le vieux Lickter m'appelle dans son bureau pour se plaindre du manque de ventes. A me voir vous ne le croiriez pas, mais j'étais un vrai paillasson, c'est un fait. Paillasson au bureau et à la maison. Comme d'habitude, je tendis mon rapport au vieux Lickter qui le lut d'un air sinistre, puis me regarda à travers la fumée de son cigare ou la buée de son thé ; il avait sans interruption toujours l'un ou l'autre à la bouche. « Est-ce là votre rapport total et complet, monsieur Cortland ? Il laisse beaucoup à désirer. » Mais au lieu d'acquiescer, craignant pour ma fragile réputation, comme je l'avais toujours fait jusque-là, je l'attache avec les cordons des rideaux, et je le suspends par la fenêtre, à quinze étages au-dessus du trottoir. D'abord, il a été trop terrorisé pour ouvrir la bouche, mais dès que j'accrochai le bout des cordons à son bureau, il s'est mis à pousser des hurlements vers le ciel. « La situation laisse beaucoup à désirer, n'est-ce pas, monsieur Lickter ? » criai-je par la fenêtre, en regardant la foule qui commençait à s'attrouper en bas. « Coupe la corde, mon vieux ! » cria quelqu'un. « Non, non, dit un autre, attendez que j'aille chercher mon appareil. » M. Seymour, mon supérieur direct, Directeur de la division du Midwest, en charge des gommes à effacer, entra cinq minutes après, un sourire de commande sur son visage libidineux. « Que se passe-t-il, Craig ? Un petit malentendu avec M. Lickter ? Puis-je vous aider ? » « Je l'ai suspendu par la fenêtre, hé, pédé », dis-je en tordant son nez efféminé. Je le tirai par le nez jusqu'à la fenêtre et criai à la foule en attente : « Je vous présente M. Seymour qui est pédé. » « Qu'est-ce qu'y dit ? » cria une femme. « Il dit que Seymour est une tante », dit une autre voix. « Lequel c'est, Seymour ? » « Celui-là ! » gueulai-je. « Vas-y, Mac. Jette-le ! » Seymour, terrorisé, suppliait : « Laissez-moi partir, s'il vous plaît ! » « Monsieur Lickter, vous saviez que M. Seymour était tantouse ? » « Remontez-moi, monsieur Cortland. Je vous promets tout l'argent que vous voudrez ! » hurla Lickter, qui, la tête en bas, était maintenant d'un beau rouge cramoisi. Je poussai Seymour, corrupteur de la jeunesse bureaucratique, dans le grand placard derrière l'immense bureau. Puis un flic monta et me parla à travers la porte, qui n'était pourtant pas fermée à clé. « Je suis le sergent Derk, Cortland. Qu'avez-vous fait de Seymour ? » « Il est dans le placard, dis-je, mais je ne comprends vraiment pas ce que ça peut vous faire. » « Maintenant, dit lentement le sergent Derk, je veux que vous m'écoutiez attentivement. Couper le cordon ne résoudra pas vos problèmes. » Vous croyez que ça sonne freudien ? Je veux dire, leur peur que je coupe le cordon ombilical imaginaire qui me liait à son autorité ?

— Ça me semble quelque peu freudien, dis-je, en

proie à une crainte raisonnable du baratineur et mangeur d'oranges que j'avais pour voisin de lit.

— Je n'avais jamais pensé à couper le cordon avant qu'il ne m'en donne l'idée. Mais je ne répondis pas au sergent Derk, qui s'en alla quelques secondes plus tard. « Quelque chose laisse-t-il à désirer, là-dehors ? » demandai-je à M. Lickter. Il ne répondit pas, et je remarquai que les pompiers avaient déployé un filet quelques étages au-dessous. Je remontai Lickter, et la foule massée en bas émit un brouhaha de protestation. « Ne vous en faites pas ! criai-je. Je vous le ramène tout de suite. » « Cortland, je vous en supplie, bredouilla-t-il, assis très raide au bord de la fenêtre. Je vous associerai à l'affaire. » « Soyez réaliste », dis-je, le remettant tête en bas par la fenêtre dès qu'il eut repris son teint cadavérique habituel. La foule m'acclama. « Comment pourriez-vous m'associer à l'affaire ? Vous savez aussi bien que moi que si je vous remonte, je serai foutu à la porte et jeté en prison. Il faudrait être fou pour m'associer à l'affaire. » Toby... vous permettez que je vous appelle Toby ?

— Allez-y.

— Puis ils envoyèrent un curé pour me raisonner, quoique je ne sois pas catholique. Pourquoi est-ce qu'ils envoient toujours un curé bien que la majorité des gens ne soient pas catholiques ?

Avant que j'aie pu répondre, il reprit :

— Le curé était un mec rondouillard et jovial, qui avait l'air terrorisé mais déterminé, alors je l'ai laissé entrer. « Ce n'est pas cela qu'il faut faire, Craig. Vous n'arriverez à rien comme ça. Relâchez-les, et je ferai ce que je pourrai pour vous aider. » « Vous ne me connaissez même pas », dis-je. « Je n'ai pas à vous connaître, car je vois bien que vous êtes un homme qui respecte les lois de Dieu. » « Je ne respecte ni Dieu ni fisc, mon père. » « Vous blasphémez, jeune homme », dit-il gentiment. « Oui », répliquai-je, regrettant qu'ils ne m'aient pas envoyé un curé plus doué. Mais ils avaient dû m'envoyer ce qu'ils avaient sous la main. « J'insiste pour que vous remontiez cet homme. » Je n'avais pas le choix.

— Vous l'avez remonté ?

— Non. J'ai attaché le curé avec les cordons de l'autre rideau, et il a rejoint Lickter par la fenêtre. Je ne vous ennuie pas, au moins ?

— Pas du tout.

— Bon. Alors, ils m'ont envoyé Phyllis, mais je ne l'ai pas laissée entrer. Je n'avais plus de cordons de rideaux, et j'avais déjà quelqu'un dans le placard. Elle a pleuré un moment, puis elle est partie. Vous vous demandez ce que devient Ressner dans tout ça, non ?

— Oui.

— Le téléphone s'était mis à sonner à l'instant où j'avais passé le curé par la fenêtre, et j'entendis les voix lointaines dire en bas dans la rue : « C'est un prêtre. » « Oh, mon Dieu, pas ça ! » « Il va nous jeter un prêtre ? » « Ce serait quelque chose. » « Bah, ils tomberont dans le filet. » « Mon père, criai-je, je vous présente M. Lickter ! » « Courage », dit le curé. « Voilà ce qui s'appelle parler, mon père ! », criai-je avant de décrocher le téléphone.

Sklodovich passa la main sous son oreiller et en sortit une nouvelle orange.

— Puis un vieux flic rougeaud, pistolet au poing, vint se planter devant la porte et tira en l'air un coup de semonce. « Sortez de là les mains sur la tête, ou j'entre et je vous tire une balle dans les couilles ! » gueula-t-il grossièrement. Je me demandai pourquoi personne n'avait pensé à ça plus tôt.

— Et qu'est-ce que vous avez fait ?

— Ce que j'ai fait ? Mais, nom d'un chien, j'ai ouvert la porte et je l'ai laissé entrer. Je suis fou, mais pas idiot. J'ai compris que ce salaud ne plaisantait pas. J'ai appris plus tard qu'on l'avait décoré, puis foutu dehors pour avoir risqué deux vies. Et quelques mois plus tard, j'ai lu dans le journal qu'on le soupçonnait de travailler pour la Mafia.

— Ressner ? lui rappelai-je.

M. C. entra comme Sklodovich allait reprendre son récit. Il me fit signe de le suivre et je regardai Sklodovich qui souriait à M. C.

— Quand allons-nous faire un bras de fer, monsieur C. ? Vous savez que nous y arriverons fatalement. Alors pourquoi pas tout de suite ?

M. C. n'accorda pas la moindre attention à la question de Cortland. Je me levai sur des jambes tremblotantes, enfilai des pantoufles que je trouvai près de mon lit et me dirigeai vers la porte.

— Maintenant, je vous le demande, Toby, comment un homme peut-il se dérober à un défi pareil et conserver sa dignité ? A tout à l'heure.

M. C. me saisit par le bras et on enfila de concert un long corridor plein de portes, on passa devant un vaste renfoncement meublé de deux vieux canapés pleins de vieux magazines, et devant un bureau entièrement vitré, face à deux ascenseurs. Deux infirmières étaient assises dans le bureau, l'une jeune, petite et jolie, l'autre vieille et maigre avec des lèvres minces qui bougeaient à peine en parlant à l'autre. Derrière elles se dressait un costaud bâti en armoire à glace, cheveux courts, bras poilus. Il était vêtu du même uniforme blanc que M. C., et les deux hommes échangèrent des regards entendus. On s'arrêta devant les ascenseurs, et je regardai la petite lumière monter : R.C. 1-2-3. M. C. pressa le bouton noir portant un 3 à demi effacé, et on se concentra sur la paroi tandis que la cabine s'élevait.

Je décidai de jouer le jeu et d'attendre l'occasion. Dans le hall du troisième, je vis une cabine vitrée (INTERDIT DE JETER DU PAIN AUX INFIRMIERES), un renfoncement plein de chaises vides, un bureau et un corridor plein de portes. Un jeune médecin se tenait dans le hall et bavardait avec une infirmière encore plus jeune. Ils me regardèrent quand on passa près d'eux. Au bout du couloir, on s'arrêta devant une porte que rien ne distinguait des autres. M. C. l'ouvrit, me fit signe d'entrer et referma, me laissant seul avec deux hommes assis devant une table, dans une petite pièce nue décorée d'une reproduction de Degas, miteuse et de travers.

L'un, celui à la barbiche blanche en pointe, avec calvitie dépassant d'une large couronne de cheveux gris, sourit et, du tuyau de sa pipe, m'indiqua un fauteuil vide. Je m'assis. L'autre, un jeunet de type arabe, l'air très sérieux sous ses cheveux noirs, divisa son attention entre moi et le vieux, avec qui il partageait un cendrier pour leurs deux pipes à peu près similaires.

Le plus vieux médecin (un Thomas Mitchell un peu dur de la feuille) se renfonça dans son fauteuil et feuilleta un dossier, la lèvre inférieure rabattue sur la supérieure, et haussant les sourcils en un effort pour absorber le plus de lumière possible.

— Je suis le Dr Vaderg...

Sur quoi sa voix se brisa et se coinça. Le Dr Vaderg prit un verre d'eau, tandis que son sombre compagnon regardait autour de lui d'un air impuissant, ne sachant trop quoi faire. Je fis semblant de n'avoir rien remarqué, mais l'incident avait manifestement bousculé une scène soigneusement préparée. Le vieux toubib but, récupéra, sourit et s'éclaircit la gorge. Je me joignis à lui en un petit sourire prudent.

— Je suis le Dr Vadergreff. Mon collègue est le Dr Randipur.

Le Dr Randipur hocha la tête.

— Vous vous appelez Toby Peters ? dit le Dr Randipur en consultant des notes.

— Oui.

Réponse, à mon avis, sans danger.

— Monsieur Toby Peters, puis-je vous demander pourquoi, selon vous, vous êtes ici ? dit Randipur, après avoir jeté un coup d'œil à Vadergreff qui approuva la question d'un hochement de tête.

— Par erreur.

— Le Dr Winning, sourit le vieux chauve, commet rarement des erreurs. En fait, je ne me souviens pas de l'avoir jamais vu faire une erreur de diagnostic. Nos avis diffèrent parfois quelque peu quant au traitement à appliquer, mais après tout, nous sommes dans un institut de recherche, et les cas hors du commun exigent des traitements hors du commun. Non. J'ai bien peur que nous ne soyons obligés de chercher l'explication ailleurs.

Le Dr Randipur nota soigneusement cette déclaration à la con.

D'un air inexpressif et inhabité, qui, je l'espérais, passerait pour de l'attention authentique, je fixai le gros nez du Dr Vadergreff. Sans le vouloir je venais de donner l'impression que j'accusais le Dr Winning d'une erreur de diagnostic. Comme ce concept était inimaginable pour le vieillard, j'essayai de lui faire penser que j'avais commis cette faute dans mon ignorance de l'infaillibilité du Dr Winning.

— Maintenant, monsieur Peters, reprit Vadergreff, les dents serrées sur le tuyau de sa pipe, comment expliquez-vous votre comportement de ce matin ? Il semble que vous ayez menacé le Dr Winning et que vous vous soyez livré à des violences. Si ce rapport est vrai, il a fallu vous administrer un sédatif.

Mon heure était venue. Je leur racontai toute l'histoire.

Quand j'eus fini, les deux médecins rapprochèrent leurs têtes et se consultèrent à voix chuchotante. Le vieux haussait les sourcils en écoutant.

— Le Dr Randipur et moi-même sommes d'avis que vous avez eu une journée difficile et qu'il vaudrait peut-être mieux vous laisser vous reposer. Soyez assuré que nous ne sommes ni des charlatans ni des fous. Nous sommes des médecins d'expérience qui essaient de vous venir en aide. Dans l'incertitude où vous êtes, je vous en prie, accordez-nous le bénéfice du doute et acceptez l'aide que nous vous offrons.

Vadergreff se leva, et je fus étonné de voir comme il était petit. Randipur et moi, on se leva aussi. Vadergreff enfonça un bouton blanc sur le bureau. Debout, les deux toubibs attendaient, un sourire figé sur les lèvres, que quelqu'un vienne m'enlever pour qu'ils puissent se détendre et discuter mon cas, de vieux mentor à élève admiratif.

— Docteur Vadergreff, dis-je.

— Oui.

— Je voudrais revoir le Dr Winning.

— Désolé, le Dr Winning n'est pas là ce soir, mais je lui dirai demain que vous voulez le voir. Et je crois qu'il doit faire une conférence à Los Angeles, de sorte qu'il ne reviendra sans doute pas avant vendredi. Pouvons-nous vous aider, le Dr Randipur ou moi-même ?

— Demain, il sera peut-être trop tard. J'ai deux meurtres sur les bras. Et il pourrait y en avoir deux de plus dans quelques jours. Vous êtes avec moi, tous les deux ? Vous avez entendu ce que je viens de vous dire ?

La porte s'ouvrit, M. C. entra d'un pas vif et me prit par le bras pour me faire sortir.

— Vous croyez que je suis malade ?

Il me regarda quelques secondes, haussant les épaules sans se mouiller. Trois minutes plus tard, je l'entendis fermer à clé derrière moi quand j'eus réintégré ma chambre.

Sklodovich était penché, les deux paumes contre le mur, en un vain effort pour le pousser.

— Comment ça s'est passé ? demanda-t-il en se redressant et en s'enroulant une serviette autour du cou.

— Très bien.
— Ils croient toujours que vous êtes cinglé, hein ?
— Oui.
— Vous n'avez pas envie de parler ? Je sais ce que vous ressentez. Vous êtes sûr que vous ne voulez pas me filer une droite à l'estomac ? Ce serait une bonne occasion de donner libre cours à votre hostilité refoulée, et je vous assure que je ne sentirais rien.
— Bonne nuit, dis-je en fermant les yeux.
— Bonne nuit.

Il s'était peut-être écoulé une heure, peut-être deux. Quelqu'un me secouait. J'ouvris les yeux dans le noir en espérant que c'était Phil, Jeremy, ou même Gunther ou Mme Plaut. Je me serais même contenté de Shelly.
C'était Sklodovich.
— Levez-vous, chuchota-t-il. J'ai organisé une réunion avec La Combine.
— Chouette, chuchotai-je en réponse. On parlera demain matin.
Je refermai les yeux.
— Vous vous levez ?
— Non.
Ses mains s'abattirent sur mon estomac, et, une seconde, je crus qu'il allait me tuer, puis je réalisai qu'il me chatouillait.
— A-a-rrê-teeez, rigolai-je.
— Vous vous levez ?
— Non.
J'essayai de me rouler en boule, mais il me déplia les jambes sans aucune difficulté. La nausée montait, et je tentai de me glisser hors du lit, mais il me maintint d'une main ferme et poilue et continua à me chatouiller, au point que j'en avais mal partout à force de rigoler.
— D'accord, suppliai-je. D'accord.

Il s'arrêta. Quelques pouffements me firent encore vibrer la tête, mais je me levai.

— Vous voulez sortir d'ici ? demanda-t-il. La Combine peut vous faire évader. C'est lui qui a aidé Ressner.

— Il a fait sortir Ressner ?

Je me redressai avec effort et regardai Sklodovich. L'ombre des barreaux que projetait sur lui le clair de lune lui donnait l'air aussi fou qu'il l'était sans aucun doute.

— Dealer est ici depuis des années, depuis plus longtemps que n'importe qui. Tout le personnel de psychiatrie est en conférence en ce moment. Ils se réunissent tous les soirs à la même heure. Ils ne se sépareront pas avant une heure, et d'ici là personne ne viendra nous surveiller. Allons-y. Voyez si la porte est fermée à clé.

Je passai la robe de chambre qu'il me tendait et je pris les pantoufles qu'il me mit dans la main. J'avais du mal à me tenir debout, mais je réussis quand même.

J'allai à la porte d'un pas traînant. Fermée à clé.

Sklodovich appliqua son oreille contre le battant, écouta un moment, puis frappa deux fois au mur de gauche. De l'autre côté, quelqu'un répondit par deux coups, et Sklodovich sourit.

— Quel est le problème de La Combine ? demanda Sklodovich.

— Je ne sais pas. C'est la première fois que j'entends parler de lui.

— Je voulais dire que vous devriez me demander quel est son problème. Je vous encourageais, dit Sklodovich en tirant un mince fil métallique du talon de sa pantoufle droite, et en l'insérant dans la serrure.

— D'accord. Quel est son problème ?

— Il est prisonnier. Parfois, il est dans un stalag allemand, ou dans un camp de concentration. Il est alors officier britannique ou juif. Parfois, il se trouve dans un camp de travail japonais, et alors il est sergent américain. Ou bien, il est contre-révolutionnaire dans un groupe de travaux forcés, en Sibérie. Parfois il est très spécifique. Une fois, il était l'homme au masque de fer. Une autre, Edmond Dantès au château d'If.

— Quel allié !

— Et comment ! Venez.

Le mince fil provoqua un déclic dans la porte qui s'entrouvrit. Sklodovich risqua un œil dehors, inspecta le couloir dans les deux sens, puis s'engouffra dans la chambre voisine, d'où on avait frappé deux coups en réponse aux siens. Je suivis, robe de chambre serrée autour de moi, pantoufles claquant sur le sol.

Sklodovich referma la porte, et on se retrouva devant un petit homme à tête d'oiseau, avec des cheveux gris et des yeux grands comme des soucoupes qui, d'étonnement, menaçaient de jaillir hors de leurs orbites. La créature en blanc me lorgna quelques secondes, puis leva le bras, abaissa la tête de Sklodovich et lui chuchota à voix haute :

— Un type est entré avec vous.

— Je sais, répliqua Sklodovich, chuchotant de la même manière. Il est avec moi.

— Vous en êtes sûr ?

— Oui. Et vous ?

— Moi ? Moi ? Moi ? dit l'oiseau en dardant ses grands yeux étonnés dans toutes les directions. Qu'est-ce que vous m'avez demandé ?

— Il est avec moi.

— Parfait.

Il me regarda d'un air triomphal et se gratta la tête. Quelques cheveux se dressèrent ridiculement sur sa tête.

— J'aime mieux être sûr, vous comprenez. Dites-moi, fit-il en reprenant son chuchotement et en malaxant la manche de Sklodovich, ils sont toujours dehors ?

— Non. Regardez vous-même.

— Moi ? Moi ? Moi ? Regarder dehors ? Non, merci, mon vieux. Pas moi. Pour qui me prenez-vous ?

Il me regarda pour obtenir ma réponse, mais je fus incapable de lui en donner une, vu que je ne pensais rien de lui, sauf que j'étais cette fois en présence d'un fou authentique.

— Toby et moi, il faut qu'on voie La Combine.

— Toby ?

— C'est lui. Il est venu avec moi.

— Je vois, dit l'homme d'un ton sagace. Venez.

Il se retourna vers la chambre, exactement comme la nôtre, sauf qu'il y avait un placard à l'endroit où nous n'avions qu'un mur. Un lit était fait au carré. Dans l'autre, une grosse bosse cachée sous une couverture matelassée frissonnait de peur, de fièvre ou de choc. L'oiseau ouvrit la porte du placard.

— Ils ne sont peut-être pas là maintenant, grommela-t-il en déplaçant des boîtes d'un côté à l'autre, mais ouvrez cette porte et ils vont s'amener tellement vite que vous en pisserez dans votre froc, c'est moi qui vous le dis.

Sklodovich hocha la tête, tendit le bras et enleva un panneau de plâtre au bas du placard. Par le trou, je vis un sol carrelé. Sklodovich passa par l'ouverture et me fit signe de le suivre. J'entrai dans de grandes chiottes, et l'oiseau remit le panneau en place en chuchotant :

— Vous croyez que je sais pas qu'ils sont là-dehors ?

— Qui croit-il qui est dehors ?

— Je ne sais pas, fit Sklodovich. Il préfère ne pas le dire.

Sklodovich écouta une seconde à la porte, puis se dirigea vers le box le plus proche, au son de l'eau javélisée qui, libérée automatiquement par des chasses automatiques, tourbillonnait sans arrêt dans les urinoirs.

Je suivis.

A l'intérieur, au-dessus du siège de la cuvette, se dessinait une petite porte peinte du même gris que les vaisseaux de guerre. Sklodovich tira dessus et elle s'ouvrit.

— Il faut monter dans le tuyau, murmura Sklodovich en montrant du doigt le sombre conduit béant qui s'élevait au-dessus de la porte.

D'abord, je crus qu'il murmurait un juron bien senti à l'adresse des tuyaux et des constructions tubulaires. Après tout, il était fou, de son propre aveu et de son propre choix. Tête la première, Sklodovich disparut dans le trou.

— Refermez la porte derrière vous, me lança sa voix quelques secondes après que le bout de ses pantoufles eut disparu dans l'ouverture.

Tâtant dans le noir, je palpai un tuyau humide et commençai à me hisser péniblement dans l'obscurité, m'arrêtant pour refermer la porte derrière moi.

Là, en équilibre instable, cramponné au tuyau d'une main et des deux jambes, j'essayai de refermer le lourd battant qui n'avait pas de poignée à l'intérieur, juste un boulon que j'eus toutes les peines du monde à saisir à main nue.

Plongeant dans les ténèbres, ma peur s'accrut. A combien d'étages sous moi s'enfonçait ce trou ténébreux ? Si je lâchais prise, allais-je filer directement dans les limbes, comme les lames de rasoir qu'on jette dans le vide-ordures ? Et au-dessus ? Qu'y avait-il au-dessus de moi, à part la respiration de Sklodovich qui s'éloignait ?

M'aidant du mur, masse informe de briques et de tuyaux, je parvins à le suivre à distance respiratoire. Je m'écorchai le bras droit à une protubérance non identifiée, et mes mains mouillées n'arrêtaient pas de glisser, mais je continuai sans trop de difficulté, m'accrochant au tuyau et me retenant des fesses au mur. Je continuai comme ça dans cette obscurité intemporelle pendant une période comprise entre deux minutes et quatre heures.

Mon dos protestait, mais je persévérai. Ma culotte de pyjama glissa, et je la remontai d'une main. Mes paumes se couvrirent d'ampoules, mais je continuai. Puis mon pied trouva une prise exceptionnelle sur une brique qui dépassait, je poussai vers le haut de toutes mes forces et je me trouvai nez à nez avec un long visage maigre qui me regardait. Il y avait aussi une bouche stupidement ouverte d'étonnement, à quelques centimètres de moi. Une barbe grise hérissée entourait la bouche où s'agitait une langue pas très ragoûtante. Je faillis lâcher prise.

Le visage de Sklodovich remplaça celui qui venait de me faire peur.

— Vous en avez mis un temps, Toby ! Je croyais que vous aviez changé d'avis. Merde, je crois qu'il n'y en a pas beaucoup qui peuvent monter le tuyau aussi vite que moi. C'est grâce à la tension dynamique. Rien qu'au moyen de la tension dynamique, Charles Atlas est parvenu à tirer des wagons de chemin de fer. Qu'est-ce que vous en dites ? Des wagons de chemin de fer. Et un homme qui peut traîner des wagons de chemin de fer, on regarde à deux fois avant de lui jeter du sable dans la figure à la plage, ou n'importe où ailleurs. Vous savez qu'Atlas s'est porté volontaire pour fortifier le vieux Gandhi, en Inde ?

— Je peux entrer ? Je vais lâcher prise.

— Bien sûr. Désolé, dit Sklodovich en m'aidant à passer par le trou, qui donnait accès à d'autres chiottes en tout point semblables à celles que nous venions de quitter.

J'enjambai la cuvette et m'appuyai contre le mur pour retrouver mon souffle.

Il y avait aussi un homme, debout, culotte de pyjama autour des chevilles, qui nous regardait, bouche bée. Très grand, très maigre, épaules voûtées, des cheveux grisonnants, il évoquait une tige de céleri pas très fraîche. Nous l'avions manifestement interrompu dans ses opérations.

— Allons-y, dit Sklodovich en se dirigeant vers la porte.

— Il sait ce que nous faisons là ? demandai-je.

— Hé ?

— Cet homme, dis-je, en indiquant de la tête le céleri ratatiné dont l'expression stupéfaite était figée sur ses traits.

— Je suppose que non. Pourquoi ?

— Pourquoi ? Je crois qu'on lui a flanqué une trouille de tous les diables.

— Vous croyez ? dit Sklodovich avec le plus grand sérieux. Est-ce qu'on vous a flanqué une trouille de tous les diables, mon vieux ?

L'homme secoua furieusement la tête.

— Vous voyez qu'on ne lui a pas fait peur. Vous pouvez retourner sur le pot, monsieur. Maintenant, allons-y. Si vous voyez quelqu'un dans le couloir, continuez à marcher comme si vous apparteniez à cet étage.

Sans savoir comment on marche quand on appartient à un étage particulier d'un certain asile de fous, je suivis Sklodovich dans le couloir, laissant notre ahuri faire la paix avec la réalité.

On enfila le corridor, tout semblable à celui de notre étage ; il y avait des patients mais ils ne firent pas attention à nous. Une infirmière passa, s'arrêta et se tourna vers moi. Sklodovich continua, mais je m'arrêtai quand je sentis sa main sur mon bras.

— Ne croyez-vous pas que vous devriez ôter ce peignoir et en passer un propre ? demanda-t-elle. On dirait que vous venez de monter à un mât de cocagne bien graissé.

— Je ne sais pas où j'ai pu me salir comme ça. J'ai dû tomber. Je vais me changer tout de suite.

— N'y manquez pas.

Elle s'éloigna pour parler à un autre patient, et je me dépêchai de rattraper Sklodovich que je trouvai dans un petit corridor. Il s'arrêta devant une fenêtre donnant sur une cour fermée. La fenêtre était cachée du couloir principal par un pilier. Sklodovich ouvrit la fenêtre et repoussa doucement deux barreaux. Il se glissa par l'ouverture et me fit signe de le suivre. Ce que je fis.

Sklodovich referma la fenêtre et remit les barreaux dans leur position première. Alors seulement, je remarquai que nous étions sur une étroite corniche, à trois étages au-dessus du sol. Corniche d'ailleurs légèrement inclinée vers l'extérieur. Il tombait une petite pluie fine, mais Sklodovich commença à avancer le long du rebord, et je suivis. Au bout de deux pas sur la pierre mouillée, je décidai de rentrer par la prochaine fenêtre et de me livrer à mes geôliers pour regagner la sécurité de ma chambre. On avançait centimètre par centimètre, mais plus de fenêtre. Sklodovich s'arrêta.

Je le voyais du coin de l'œil. Mon dos raidi d'appréhension était étroitement plaqué contre le mur, et je reculais la tête aussi loin vers l'arrière que je le pouvais sans faire sauter mes points de suture. Soudain, Sklodovich tendit le bras vers une vieille gouttière, se hissa d'une main et disparut.

Mains tremblantes et corps imbibé de pluie, j'avançai encore un peu, saisis la gouttière et essayai de me hisser, mais mon pied glissa.

— Pas en pyjama ! hurlai-je, m'imaginant plonger vers le sol.

Sklodovich tendit le bras et me saisit le poignet, mais mes pieds dérapèrent, et, baissant les yeux, je vis mes pantoufles plonger, rebondir contre le mur et fondre dans la pluie. En me tortillant, j'essayai de reprendre pied. Un pan de mon peignoir se rabattit sur mes yeux, et j'eus l'impression désagréable que ma culotte de pyjama avait glissé et que j'étais, comme l'homme-céleri des chiottes, nu à partir de la taille.

Sklodovich me tira facilement à lui sans me cogner contre la gouttière. Je me retrouvai sur le toit de l'hôpital, couché sur une surface rugueuse, avec la sensation d'être une serpillière oubliée dehors sous la pluie.

— Je peux vous porter le restant du chemin si vous voulez, proposa Sklodovich.

— Non, merci, répondis-je en me levant au milieu de la jungle clairsemée des cheminées et des parapets. J'y arriverai.

Boitillant pieds nus sur le ciment rugueux, je suivis Sklodovich derrière une protubérance en béton, et on se retrouva devant une porte verte, contre laquelle Sklodovich appliqua son oreille. Puis il l'ouvrit doucement.

— Elle s'ouvre de l'extérieur, mais pas de l'intérieur, chuchota-t-il.

— Je vois, haletai-je.

Mais je ne voyais rien du tout.

— Mettez ça, m'ordonna-t-il quand on passa la porte.

Il me tendit une paire de lunettes noires que je chaussai et qui ne m'aidèrent en rien à descendre l'étroit et sombre escalier sur la pointe des pieds.

— Si quelqu'un nous demande ce qu'on fait, on va voir le Dr Keaky pour un traitement par la chaleur, dit-il en s'affublant aussi de lunettes noires.

— Et si on nous demande pourquoi nous sommes mouillés ?

— On vient de prendre une douche.

— Mais nos pyjamas et nos peignoirs sont mouillés aussi.

— Je sais.

— Je sais que vous savez, chuchotai-je. Mais qu'est-ce qu'on dira si on nous demande pourquoi nos pyjamas et nos peignoirs sont mouillés ?

— On est tombés dans la piscine.

— Il y a une piscine ?

— Je ne sais pas, dit Sklodovich en terminant rapidement la descente. Mais personne ne nous demandera rien. Rappelez-vous que nous sommes mentalement instables.

— Qu'est-ce qu'il y a d'autre à se rappeler ?

On atteignit une autre porte et Sklodovich se tourna vers moi.

— Rappelez-vous que nous allons voir le Dr Keaky pour...

— Un traitement par la chaleur.

— Exact.

Dégoulinant, on entra dans un autre renfoncement. Les lunettes de soleil donnaient à toutes choses une apparence chaude et moite, tout à fait conforme à la situation.

— Attendez derrière la porte, dit-il. La Combine est quelque part à cet étage, mais je ne sais pas exactement où. Ça ne me prendra qu'une minute.

Avant que j'aie pu protester, il enfonça ses mains dans ses poches et sortit dans le couloir en sifflant plus fort que je ne le jugeais prudent.

Une fois seul, je remarquai une unique porte dans le renfoncement où je me trouvais. Elle était entrouverte, et, en l'observant, j'arrivai à la conclusion qu'à chaque seconde elle s'ouvrait d'un poil de plus. Juste comme j'allais reculer me mettre à l'abri derrière ma propre porte, elle s'ouvrit toute grande, et un petit homme basané, qui ressemblait à un chauffeur d'autobus italien, sortit. Il avait une main immobile et plongée dans la poche de son peignoir de soie. L'autre main, la gauche je crois, braquait un pistolet sur mon ventre.

CHAPITRE XII

— Faites-moi le plaisir d'entrer dans cette chambre, dit doucement le basané.

— Je vais voir le Dr Keaky pour un traitement par la chaleur.

— Sottises. Il n'y a pas de Dr Keaky. Entrez dans cette chambre, je vous prie, sans faire de difficultés.

Il regarda dans le couloir où Sklodovich avait disparu et agita son pistolet vers la porte devant laquelle il se tenait. J'entrai, semant des empreintes humides sur le carrelage.

Il me suivit et referma la porte. La chambre ressemblait beaucoup à celle que j'occupais avec mon étrange ami, sauf qu'elle avait un aspect plus permanent, et qu'il n'y avait qu'un seul lit, dans un coin. Il y avait une table en bois et une chaise toutes simples, une reproduction des tournesols de Van Gogh au mur, et une grande malle dans un autre coin.

— Vous allez vous asseoir sur la chaise, et je vais m'asseoir sur le lit, de sorte qu'il vous sera impossible de faire un pas vers moi et de rester en vie. Très bien. Vous ne saviez pas que je pouvais ouvrir la porte, hein ? Bien sûr que non. On ne voit jamais l'évidence. A bien des égards, vous êtes intelligent, mais votre trop grande assurance vous perdra.

— Vous me confondez avec un autre. Pour ne rien vous cacher, je suis un patient, comme vous. Je m'appelle Peters. Nous cherchons un certain La Combine à cet étage et...

— Otez vos lunettes, s'il vous plaît.

Je les ôtai et découvris que l'homme n'était pas si basané que je l'avais cru ; mais, par contre, son pistolet était beaucoup plus gros que je ne l'avais craint.

— Nous allons peut-être pouvoir conclure un marché, dit-il.

— Un marché ?

— Peut-être. N'oubliez pas que je peux vous tuer, vous pousser dehors et refermer la porte. Les autres ne savent pas que je possède une arme et que je peux ouvrir la porte. Ne bougez pas.

— Je ne bouge pas.

— Comme je vous le disais, continua-t-il, personne ne me soupçonnerait.

— Qui soupçonnerait-on ?

Il éclata de rire.

— Vous n'avez pas confiance. Vous vous disputez. Je vous entends la nuit quand vous croyez que je dors. Vous avez un ennemi, j'en suis sûr. Tout le monde en a un. C'est sur lui que ça retombera. Donc, vous voyez que vous n'avez pas le choix et que vous êtes obligé de m'aider. Vous comprenez ? termina-t-il en agitant son pistolet.

— Vous faites...

— Vous comprenez ? répéta-t-il doucement en levant son arme.

— Oui.

— Parfait. D'abord, nous allons échanger nos vêtements. Déshabillez-vous le premier.

— Mais ils sont mouillés, protestai-je. Ils ne vous iront pas, et puis, à quoi ça servira ? Ils ne sont pas très différents des vôtres.

— Très astucieux, dit l'homme, sincèrement admiratif. Vraiment très astucieux. Je le reconnais volontiers. Mais je vous conseille de ne pas faire un pas de plus.

— Je n'ai pas bougé.

— Parfait.

— Je n'aimerais pas avoir à vous abattre avant que vous ayez servi mon propos. Maintenant, il faut nous dépêcher.

— Mais qu'est-ce que c'est que cette histoire, merde ?

— Vous vous obstinez dans le mystère, hein ? Je commence à croire que vous n'êtes pas aussi astucieux que ça. Mais peut-être que vous traînez pour gagner du temps. Vous attendez quelqu'un ?

Il s'avança vivement vers la porte, regarda dehors, la referma et s'approcha de moi.

— Monsieur...

— Peters.

— Monsieur Peters ou autre chose, vous allez sortir de cette chambre devant moi et marcher comme si vous m'emmeniez quelque part. Vous comprenez ? Mon pistolet ne sera pas visible, mais il sera dans ma poche, et braqué sur votre abdomen. Il a une platine à double détente. Vous vous y connaissez en armes ?

— Je m'y connais.

— J'espère que vous vous y connaissez assez pour constater qu'il s'agit d'un vrai pistolet.

Il le leva avec prudence, et je vis qu'il s'agissait d'un .45.

— C'est un vrai, dis-je.

— Content que vous en conveniez.

— Vous commettez une erreur tragique. Nous ne serons pas au milieu du couloir que nous nous ferons pincer tous les deux. Vous n'avez pas l'air de comprendre que je suis aussi un patient.

— Vous aimeriez bien me faire avaler ça. Je sais que

vous êtes un mouton. Je les repère toujours. Bon, nous avons assez perdu de temps. Maintenant, voudriez-vous boire un verre avant qu'on ne vous fasse subir la torture du vilebrequin pour vous remettre les nerfs en place ? Je savais que quand vous seriez au pied du mur, vous seriez lâche.

— Je ne suis pas au pied du mur.

— Discuter ne vous avancera à rien. Par contre, si vous faites ce que je vous dis, vous vous en sortirez peut-être vivant. Nous allons marcher lentement, sans nous parler. Nous passerons près de la cage des infirmières, près des ascenseurs, nous en prendrons un pour descendre au sous-sol.

— Mais vous n'avez pas de vêtements.

Il eut un sourire rusé, passa la main sous son lit et en ramena un petit sac en papier brun soigneusement fermé par une ficelle.

— Mes vêtements sont là-dedans. Rien d'extraordinaire, mais ça suffira. Vous pensez qu'ils aideront à me faire retrouver plus tard, mais vous vous trompez. J'ai des amis. Maintenant, allons-y. N'oubliez pas que je n'hésiterai pas à me servir de mon pistolet. Je n'ai rien à perdre. Si vous m'arrêtez cette fois, je suis sûr que vous ne me donnerez jamais une autre occasion de m'évader, et j'aurai de la chance si je ne suis pas mort avant la fin de la journée.

— Mais...

— Un mot de plus, et je vais être obligé de vous abattre. Je ne suis pas très sûr que le silencieux soit efficace, mais s'il faut l'essayer, je l'essaierai.

Je m'avançai vers la porte.

— Vous faites erreur.

— Peut-être, dit le petit homme maintenant proche de la porte. Ce ne sera pas la première fois, et espérons pour tous les deux que ce ne sera pas non plus la dernière. Je regrette que nous n'ayons plus le temps de prendre un dernier verre d'Old Sweat Sox. Ayez la bonté de sortir dans le couloir.

L'homme, pistolet braqué sur moi, ouvrit la porte et se retrouva devant Sklodovich, la main levée pour frapper.

— Je me suis trompé de couloir, dit Sklodovich, entrant et s'asseyant sur une chaise. Eh bien, sait-il quelque chose ?

Je ne savais pas exactement à qui s'adressait cette question, mais elle était absurde dans les deux cas, et nous la laissâmes sans réponse.

— Vous connaissez cet homme ? dit le petit homme, qui accepta l'intrus sans ciller et sans protester.

De nouveau, je ne sus pas à qui la question s'adressait.

— C'est Toby, dit Sklodovich. Toby Peters.

La Combine posa son pistolet, s'assit au bord de son lit et se mit à dénouer la ficelle de son sac en papier en se mordillant les lèvres. Dedans, il y avait un sandwich qu'il se mit à manger. Mais rien d'autre dans le sac, censément plein de vêtements.

— Qu'est-ce que je peux faire pour vous ? demanda-t-il entre deux bouchées de fromage.

— Toby veut s'évader, par le même chemin que Ressner.

La Combine sourit de toutes ses dents et s'approcha de la fenêtre pour faire descendre le store, d'où tomba une grande feuille de papier. On s'approcha du lit où La Combine étala son papier, et Sklodovich prit un air d'attention concentrée.

— Notre principal problème, dit La Combine, la mine grave, montrant quelque chose sur le plan compliqué que nous avions sous les yeux, c'est le fossé.

— Le fossé ? m'étonnai-je.

— Le pont-levis est descendu pendant la journée, mais il est bien gardé, poursuivit-il. La nuit, il est relevé, mais la garde est réduite, parce qu'ils ne craignent pas une attaque venant de l'arrière, un mouvement venu des entrailles de leur propre création vile et terrifiante. Je connais le mécanisme du pont, car j'ai travaillé sous bonne garde dans l'équipe de graissage. Ce mécanisme, messieurs, c'est la seule solution. Le fossé, ainsi que vous avez pu le constater à votre arrivée, n'est ni long, ni large, ni profond au point qu'on ne puisse pas le traverser à la nage, mais il est plein de petits poissons féroces qui vous nettoient la carcasse jusqu'à l'os avant qu'on ait pu faire trois brasses. C'est pourquoi un homme — vous, Ivan — maîtrisera le garde du pont, et vous, Toby, vous enfilerez son uniforme et vous répondrez à tous les appels adressés à la station de garde pendant qu'Ivan et moi travaillerons sur le mécanisme. Vous parlez leur langue, non ?

— Evidemment, dis-je.

— Parfait ! Des questions ? Excellent, déclara-t-il, l'air rayonnant, en roulant son papier. Maintenant, tout ira bien, pourvu qu'ils ne me remettent pas le masque de fer cet après-midi, et j'en doute, parce que la dernière fois, ça m'a provoqué un eczéma qu'ils ont mis des jours à guérir pour qu'on puisse me présenter sans dommages à la Légation suisse et à la Croix-Rouge. Messieurs, à minuit.

Le petit homme ôta son peignoir et se coucha, après avoir fait gonfler son oreiller. Il ronflait avant qu'on ait atteint la porte, Sklodovich et moi. On sortit en silence, en refermant derrière nous.

— Est-ce qu'il est chargé, son .45 ? demandai-je.

— Il n'a pas de mécanisme, dit Sklodovich en inspectant le couloir.

— Il croit vraiment qu'on va revenir ce soir pour l'évasion ?

— Je ne sais pas. Ça n'a pas d'importance, parce qu'il ne s'évadera jamais, de toute façon. De plus, moi, je ne veux pas m'évader. Je me plais bien ici.

— Qu'est-ce que vous voulez dire, « il ne s'évadera jamais » ?

— La Combine peut s'en aller s'il le désire. Sa porte est ouverte. Mais il ne sortira jamais si une infirmière ou un docteur ne le conduit pas par la main. Il pense que le sol va s'effondrer sous lui et le précipiter du haut de trois étages. C'est son problème.

S'adossant au mur, Sklodovich tira une clé de sa poche.

— Un passe, dit-il. Ça peut servir. C'est La Combine qui me l'a donné.

— Je croyais que vous étiez idiots tous les deux, soupirai-je.

— Il y a une différence entre fou et idiot. Nous ne sommes pas idiots...

— Je ne voulais pas...

— ... nous offenser, je sais, dit Sklodovich en souriant.

Le couloir fluorescent était vide et silencieux, à part quelques bruits de voix étouffées. Sklodovich se tourna vers la porte menant au toit, et je fus pris d'une appréhension terrible et nauséeuse qui se répercuta jusqu'à mes genoux, prêts à se dérober sous moi.

— Je ne crois pas que je pourrai repasser par le toit, chuchotai-je en lui prenant le bras.

Sklodovich m'adressa un clin d'œil et, de la tête, me fit signe de le suivre. D'un pas vif, style suivez-le-guide, il délaissa la porte du toit et vira à gauche toute dans un couloir court fermé au bout par une porte. Mon guide en tourna la poignée d'une main poilue. On en franchit le seuil, après que mon guide eut inspecté le couloir des deux côtés, et on se retrouva à une vingtaine de pas de notre chambre, que je n'imaginais pas pouvoir rejoindre à moins d'une douloureuse et périlleuse odyssée.

— Pourquoi ne sommes-nous pas passés par là la première fois ? gueulai-je en entrant pieds nus dans la chambre à sa suite. J'ai failli me tuer dix fois à ramper dans des tuyaux et sur des corniches.

Il posa le passe sur une étagère du placard et mit un drap dessus. Je m'écroulai sur mon lit, crevé. Maintenant, j'étais presque sec, et j'avais envie de dormir au moins vingt-quatre heures, mais je pris quand même le temps de foudroyer d'un regard furax celui qui venait encore de m'avoir.

— Il y a bien des façons de faire une même chose, déclara-t-il. Il y a toujours la solution de facilité, que la plupart des gens adoptent durant toute leur vie, parce que c'est la seule solution de bon sens, mais la solution de facilité n'a pas toujours un sens. Pour que les choses aient un sens, il faut rechercher la difficulté, physique, émotionnelle. Sinon on traverse l'existence comme un légume, comme des carottes cuites. Mentalement, dit-il, pointant le doigt sur sa tête, il n'existe plus pour moi de solution difficile, je recherche donc la difficulté physique. Et encore, ne vous plaignez pas, je n'ai pas choisi la solution la plus difficile. J'aurais pu vous faire glisser sur un fil, déguisé en infirmière, mais je ne crois pas que vous vous en seriez sorti. La prochaine fois, nous essaierons quelque chose d'un peu différent. Vous vous souviendrez de ce voyage jusqu'à la fin de vos jours.

— Je me rappellerai jusqu'à la fin de mes jours toutes les minutes que j'ai passées ici, grommelai-je en mettant mon bras devant mes yeux. Pour le moment, j'ai mal au crâne et je veux dormir. Il nous reste combien de temps jusqu'à minuit ?

— Environ deux heures.

Peut-être que je m'endormis, peut-être pas. Ça ne fait pas grande différence parce que, pas plus de dix minutes plus tard, j'ôtai mon bras et vis M. C. debout près de mon lit.

— Je fais ma ronde, dit-il. Ne vous dérangez pas.

— Je vous parie cinq dollars que je vous bats au bras de fer, dit Sklodovich.

M. C. me vit descendre doucement de mon lit et ne dit rien.

— Cinq dollars si je perds, reprit Sklodovich en allant chercher l'argent dans le placard où il avait rangé la clé. Vous n'avez pas besoin de mise.

M. C. considéra calmement les cinq billets que Sklodovich posait sur la table de nuit.

— Cinq dollars comptant, dit Sklodovich.

M. C. consulta sa montre, s'approcha de la porte qu'il ferma à clé de l'intérieur. Les yeux de Sklodovich brillèrent d'une impatience farouche, et il se rua vers le placard pour y chercher quelque chose, tandis que je considérais la scène avec curiosité et que M. C. plaçait la table de nuit entre les deux lits, avec indifférence.

Sklodovich, ayant trouvé ce qu'il cherchait, revint vers la table en sifflotant *Bésame Mucho* et en souriant. Il avait deux bougies à la main, de celles qu'on a toujours en réserve en prévision d'une panne d'électricité ; il les alluma et fit couler un peu de cire pour les fixer fermement aux deux bouts de la table.

Je ne comprenais pas très bien, mais M. C., qui regardait la scène comme s'il s'agissait d'un rituel quotidien, n'eut pas l'air étonné.

Sklodovich se mit en position. Assis sur son lit, il posa son coude droit sur la table entre les deux bougies allumées. M. C. fit de même et leurs deux mains s'étreignirent. Bras perpendiculaires entre les deux bougies, Sklodovich cessa de siffloter.

— Dites « go », Toby, fit-il en déplaçant légèrement son poids sur le lit.

Toute protestation était inutile, et, de plus, j'étais fasciné.

— Go.

Sur le bras noir et lisse et le bras poilu d'un blanc

vaguement orangé saillirent de gros nœuds de muscles, mais ni l'un ni l'autre ne bougea. Sklodovich continua à sourire joyeusement, mais M. C. garda son air indifférent, ni ennuyé, ni intéressé. Si les muscles ne s'étaient pas gonflés sous la peau tendue, on aurait pu croire qu'ils échangeaient simplement une poignée de main fraternelle d'un genre un peu particulier.

Les flammes vacillèrent, et l'une parut sur le point de s'éteindre. Je me dis que si la flamme mourait, je me laisserais rouler par terre et sous le lit. Je ne sais pas ce qu'ils avaient mis dans leur seringue, mais ça me faisait de l'effet.

Le temps passa, une minute peut-être, et quelques minuscules gouttelettes de sueur perlèrent sur le visage toujours rayonnant de Sklodovich, luisantes à la lueur des bougies. Le temps continua à s'écouler, et j'eus l'impression d'entendre un son, un grognement, un soupir de M. C. Mais les deux bras étaient toujours à la verticale. D'abord, je n'en fus pas sûr, et je me concentrai intensément sur un point situé quelques centimètres derrière les phalanges repliées de M. C. Quelques secondes plus tard, je n'avais plus aucun doute. La main de M. C. se rapprochait très lentement de la flamme, cédant imperceptiblement un peu plus à chaque seconde. La flamme dansante, à deux centimètres du dos de sa main, se refléta sur la peau noire. M. C. ferma les yeux, premier mouvement facial depuis le début de l'opération. Soudain, la situation se renversa, et ce fut Sklodovich qui céda. Puis les bras frémissants revinrent à la verticale, et Sklodovich ferma les yeux dans un dernier effort, mais il souriait toujours. Le dos de la main de Sklodovich se rapprocha lentement de la deuxième flamme, et la table vibra sous leur effort. Quand la main ne fut plus qu'à un cheveu de la flamme, je vis les poils noirs qui commençaient à roussir. Sklodovich ne dit rien, n'émit pas un son et regarda le dos de sa main plonger dans le feu.

M. C. le lâcha, éteignit les deux bougies de sa paume et se leva.

— Il faudra recommencer bientôt, dit Sklodovich en examinant sa brûlure. Je vais m'exercer. N'oubliez pas vos cinq dollars.

M. C. se tourna vers Sklodovich, et pour la première fois depuis que je le connaissais, il sourit.

Sklodovich lui rendit son sourire et remit les cinq dollars dans la table de nuit.

CHAPITRE XIII

La porte s'ouvrit lentement et la lumière du couloir projeta l'ombre d'un homme au pied de nos lits. Je ne savais pas combien de temps avait passé. De la porte, l'ombre chuchota, de la voix familière de Sklodovich :

— Toby, debout. C'est l'heure.

Il ouvrit un paquet et me tendit des fringues toutes froissées. Sklodovich braqua sur moi le rayon de sa torche pour que je puisse enfiler l'uniforme blanc. Quand je fus habillé, il me donna un stéthoscope que je me suspendis autour du cou, une paire de chaussures qui m'allaient à peu près et un mince imper fripé.

— On dirait un docteur, dit-il.

— Ça me servira de laissez-passer.

— Vous savez par où vous devez aller ? demanda Sklodovich.

Je fis oui de la tête, et il me répéta les instructions données précédemment.

— La fenêtre sera ouverte. J'ai vérifié avant de remonter.

— Je suis prêt, dis-je, respirant un grand coup en me disant que ma liberté était entre les mains d'une bande de dingues.

— Silence, murmura Sklodovich en portant un doigt à ses lèvres. Il y a quelqu'un dans le couloir.

Il plongea vers son lit. La torche s'éteignit, je me fourrai vivement sous ma couverture et fermai les yeux. La porte s'ouvrit.

— Vous ne dormez pas.

C'était la voix de M. C.

— Ne vous faites pas des idées. Je ferme la porte à clé et je vais rester devant jusqu'au matin.

Sklodovich se leva et, pieds nus, s'approcha sans bruit de la porte. Il attira à l'intérieur M. C., manifestement stupéfait. Assis sur mon lit, j'écoutais les bruits de lutte. Il n'y avait pas grand-chose à entendre, à part les halètements des deux hommes. Ça ressemblait au bras de fer entre les bougies, sauf qu'il n'y avait plus de bougies, et que je scrutais les ténèbres.

— Lumière, murmura Sklodovich quelques secondes plus tard.

Je sautai de mon lit, cherchai la torche dans le lit de Sklodovich et allumai. M. C. et Sklodovich étaient étroitement imbriqués l'un dans l'autre, dents serrées, mains entrelacées au-dessus de la tête. Egalité.

— Filez, dit Sklodovich. Je le retiens. Mais faites vite.

L'orgueil, supposais-je, empêcha M. C. d'appeler à l'aide. Avec le temps, il aurait sûrement le dessus, mais il voulait agir seul. Combien de temps lui faudrait-il pour dominer le fou poilu ? Cinq minutes, décidai-je. Pas plus. Peut-être beaucoup moins.

Je resserrai étroitement mon imper autour de moi, pris le passe dans le placard et me tournai vers la porte.

— Merci, Ivan, dis-je en éteignant la torche.

— Pas de quoi, grogna-t-il. Filez.

Je sortis dans le couloir désert et refermai derrière moi.

Le corridor n'était que faiblement éclairé, et j'avançai vivement dans l'ombre des murs.

Je les rasai, ces murs, comme je l'avais vu faire à

Lloyd Nolan dans un film de Mike Shayne, et je regardai devant moi avant de tourner le coin : au bureau, une jeune infirmière fatiguée se contemplait dans un miroir de poche. Impossible d'aller à la chambre du bout du couloir sans qu'elle me voie, et les secondes passaient. Puis une sonnette bourdonna. Dans la fenêtre du renfoncement, je la vis se lever et me tourner le dos. Déglutissant avec effort, je traversai l'espace découvert sur la pointe des pieds, aussi vite que je pus. En sécurité de l'autre côté du couloir, j'entendis le bourdonnement s'arrêter. Elle ne m'avait pas vu, c'était clair, mais elle pouvait maintenant se tourner dans ma direction pour répondre à l'appel. J'enfilai le couloir au pas de course jusqu'à la salle 421, fermée par deux portes en verre blindé. Dans l'obscurité presque totale, je distinguai une longue salle commune, avec deux rangées de lits, séparées par une allée médiane. A l'autre bout de la salle, je vis une autre porte en verre, avec, derrière, un homme assis à un bureau, et encore derrière, un ascenseur.

La faible lumière jaune qui projetait sur le mur des ombres de lits, légères et irréelles, provenait d'une lampe de bureau située à gauche de la porte que je franchis. A la table, un costaud en forme de tronc d'arbre, couronné d'une tête plate que ses cheveux en brosse applatissaient encore. J'avançai vers lui. L'homme en blanc me scruta par-dessus ses lunettes et fit mine de se lever, puis se rassit.

— Salut, doc, chuchota-t-il.

— Salut, chuchotai-je aussi en essayant de sourire.

Il considéra d'un air soupçonneux mon visage écrasé, mais l'uniforme blanc et le stéthoscope, que j'eus soin de mettre bien en évidence sous mon imper, parurent le rassurer.

— Y a-t-il un patient du nom de Barton dans ce service ? demandai-je.

Il repoussa ses lunettes sur son gros nez et consulta une liste placée devant lui en suivant les noms du doigt.

— Non, mais il y a un Bartnik.

— J'ai dû me tromper de service. J'aurais juré qu'on m'avait dit le deux.

— Ici, vous êtes au quatre, doc. Le deux, c'est deux étages au-dessous.

— Je n'ai pas fait attention en entrant dans l'ascenseur. J'ai dû me tromper de bouton. Je suis nouveau ici.

— Il me semblait bien aussi que je ne vous remettais pas. Vous êtes sûr que c'est au deux que vous allez ?

— Maintenant, je ne sais plus. Je vais descendre vérifier.

— Je vais appeler les entrées pour vous, doc. Ils me diront où est ce Barton.

— C'est Bartoni, mais attendez.

Je fis semblant de consulter ma montre.

— J'ai peur de ne plus avoir le temps de le voir. Je vais descendre aux urgences.

Il garda une seconde le combiné dans la main, me regarda, puis raccrocha.

— Comme vous voudrez, doc.

Je me tournai vers l'allée qui séparait les deux rangées de lits.

— Doc, vous permettez que je voie votre laissez-passer ? Pour le noter dans mon livre de bord.

Je m'approchai du bureau, haussai les épaules et tendis au garde myope la carte que Sklodovich m'avait donnée.

— Merci, doc.

— Parfait, dis-je, d'un ton aussi dégagé que possible.

Je repris ma carte et partis en vitesse vers l'autre porte en verre au bout de la salle. En m'éloignant, je sentais ses yeux braqués sur mon dos, m'attendant à l'entendre me gueuler de m'arrêter. Je sortis le plus vite possible de la lumière dispensée par sa lampe. A peu près au milieu de la salle, j'entendis une voix forte derrière moi.

— Salopard de cinglé ! Tu croyais que je ne m'en apercevrais pas ?

J'étais au bord de la panique, mais je me retins au pied du lit le plus proche. Coincé entre deux infirmiers, j'attendis que tous deux, ou plutôt que celui qui était derrière moi me tombe sur le dos.

Bruit de pas précipités derrière moi, de plus en plus bruyants et proches. Me retournant, je vis l'homme tronc d'arbre venir vers moi, ombre noire aux bras grands ouverts, gorille prêt à m'enlacer dans une étreinte furieuse et mortelle qui me réduirait à l'état de petite boule gémissante. Quand il fut près à me toucher, je ramenai mes poings en arrière, espérant faire mouche puis décamper à toute pompe. Il m'ignora, me dépassa et s'approcha d'un patient qui, assis dans son lit, me montrait du doigt.

— Il n'est pas docteur. C'est un fou. Je le connais.

L'homme ne criait pas, mais parlait avec une fureur contenue. C'était un petit sac d'os ; impossible de le décrire davantage car, maintenant, il était maintenu à pleins bras par l'infirmier dont les lunettes glissaient dangereusement sur le nez.

— Allons, du calme, du calme, dit l'infirmier d'une voix apaisante, s'interrompant pour remonter ses lunettes. Du calme. Ne vous en faites pas, docteur. Je m'en occupe.

— Parfait, dis-je, comme si ce genre de chose m'arrivait tout le temps, ce qui était vrai si « tout le temps » remontait à cet après-midi.

— Je suis le Seigneur votre Dieu, siffla le petit homme dans son lit, et je vous dis qu'il n'est pas docteur. Je l'ai vu entrer dans ce purgatoire il y a de nombreux éons, conduit par cette même Dalila que l'ange déchu a envoyée pour tenter et détruire...

Je franchis enfin la porte en verre et je ne l'entendis plus. Je me demandai vaguement combien de temps j'avais encore devant moi avant que M. C. ne donne l'alarme.

Le petit espace était bien éclairé pour révéler l'ascenseur, et je vis au bureau un homme aux cheveux blancs, mince mais d'aspect puissant. Il leva les yeux de son livre et m'adressa un sourire cynique.

— Laissez-passer, dit-il.

Je le lui tendis. Il l'examina et me le rendit.

— Il y a des problèmes, là-bas ? J'ai entendu du bruit.

— L'autre infirmier s'en occupe, dis-je, en enfonçant le bouton pour appeler l'ascenseur.

— Un petit vieux ? Au milieu à gauche ?

— Oui, dis-je.

— Dieu.

— Pardon ?

— Il se prend pour Dieu.

— Je vois, dis-je, espérant que l'ascenseur poussif allait enfin arriver.

— Pas dangereux, doc, mais il fait beaucoup de bruit.

— Oui. Typique, dis-je, sans savoir ce qui était typique.

— Ouais, fit-il, comme s'ouvrait la porte de l'ascenseur.

— Bonne nuit, dis-je en montant dans la cabine.

— Bonne nuit, doc.

Les portes se refermèrent et j'essuyai de ma manche mon front couvert de sueur en pressant le bouton 1. Je m'appuyai contre la paroi pendant la descente. Ça ne m'aurait pas étonné que la porte s'ouvre au troisième, me mettant nez à nez avec M. C.

Les portes s'ouvrirent dans un bruit de ferraille et j'entrai dans un hall désert, à part une vieille Noire penchée sur son balai. Le sol était couvert de mousse. Le visage inexpressif, elle me regarda imprimer des marques de pieds dans son savon, alors que je cherchais la porte 321. Je me forçai à lui sourire, puis je sifflotai *Dardanella* en enfilant le corridor, cherchant ma porte tout en faisant semblant de savoir où j'allais. Je trouvai enfin la porte qu'on m'avait indiquée, j'adressai à la femme un dernier sourire et entrai.

L'escalier était bien là, et je le descendis quatre à quatre, mon stéthoscope tambourinant sur ma poitrine. Mon cœur battait à grands coups quand j'arrivai au rez-de-chaussée.

Ayant repris un peu d'assurance, j'ouvris la porte. Deux infirmières descendaient le large couloir et trois médecins s'étaient réunis à une vingtaine de mètres sur ma droite. Derrière les médecins, je voyais le hall d'entrée. Comme je m'avançais, les médecins se déplacèrent légèrement, et l'un d'eux, assez jeune pour autant que je puisse en juger, parut me reconnaître, changer d'avis, et il porta une main dubitative à son menton, comme réfléchissant à un problème différent de celui de ses interlocuteurs. C'était le Dr Randipur, et ce qu'il cherchait à situer, c'était moi.

Je traversai le vaste hall, sous les portraits des Drs Winning du passé, dépassai la forêt de fougères, contournai le groupe des médecins et sortis par la grande porte. Il pleuvait toujours. Je sautai à bas des quatre marches en bois et courus vers ma Ford.

La portière était ouverte. J'ouvris la boîte à gants. Mon pistolet avait disparu. J'espérais me souvenir des leçons d'Arnie pour faire démarrer une voiture sans clé de contact. Je me souvins. Vachement facile, et chose que tout flic et tout privé devraient savoir. Simplement, je n'avais jamais eu à m'en servir jusque-là.

La Ford démarra bruyamment, et je lui chuchotai de la mettre un peu en veilleuse tout en faisant marche arrière avant de m'engager dans l'allée, tous phares éteints. J'entrai dans un buisson, reculai et repartis. Mon stéthoscope me sauta dans l'œil, mais je le gardai autour du cou. J'avais encore la grille à passer.

Cinquante mètres plus loin, j'allumai mes phares, ou, plutôt, mon phare. Le droit ne marchait pas. Je roulai lentement vers la grille, espérant que M. C. n'avait pas encore donné l'alarme et que le garde avait changé depuis le matin.

Je m'arrêtai devant la grille fermée et vis sortir de la petite guérite éclairée une silhouette en imperméable. Il approcha son visage de la vitre que je baissai en souriant. Ce n'était pas celui du matin.

— Mauvais temps pour conduire, dit-il. Et vous avez un phare éteint.

— Urgence, bâillai-je. Vous savez ce que c'est.

— Ouais, sourit-il.

Et il alla ouvrir la grille.

Je lui fis au revoir de la main et me mis à compter lentement pour m'empêcher de descendre le chemin à fond la caisse. Mais je comptais de plus en plus vite, c'était plus fort que moi. Quand j'arrivai à dix, je filais aussi vite que la Ford pouvait m'emporter, loin de l'institut Winning.

CHAPITRE XIV

Rosie refusa l'imper et le stéthoscope en gage de ce que je lui devais. Elle ne me demanda même pas pourquoi j'étais fringué comme ça et se contenta de secouer la tête en sifflant entre ses dents, indiquant par là que j'étais le plus grand farceur qu'elle eût jamais rencontré. Elle me fit le plein, me prêta cinq autres dollars, et je lui promis de régler mes dettes la semaine suivante, même si je devais vendre la voiture pour ça, ce qui aurait été idiot vu que je devais encore un paquet sur cette putain de bagnole. Je fouillai parmi les vêtements du mari fantôme de Rosie et trouvai un pantalon marron qui ne m'allait pas trop mal, une chemise en pilou et un pull bleu avec un seul trou sous l'aisselle gauche. Le tout, gratis. J'avalai gloutonnement du café et un beignet juste au moment où le soleil se levait. Je sortais d'un cauchemar, et je me demandais si tout ça m'était réellement arrivé.

Le ranch de Mae West était ce qu'il y avait de plus proche sur ma liste, alors je me mis en route, respectant scrupuleusement la limite de vitesse, m'attendant à chaque instant à être arrêté par la police de la route en qualité de fou échappé conduisant sans permis. J'avais beaucoup à réfléchir, mais ce n'est bon ni pour ma santé ni pour ma tranquillité. Mes meilleures idées semblent me venir non quand je fais le bilan, mais quand elles ont longtemps mijoté toutes seules et surgissent d'elles-mêmes à la surface. Pour le moment, je n'avais pas grand-chose de cohérent. Ma tête ne pulsait plus, mais mon cuir chevelu semblait rétrécir. Jusque-là, mon dos allait bien.

Quelques heures plus tard, en m'arrêtant devant chez Mae West, j'étais affamé et soucieux. Ressner s'était bien débrouillé pour me retirer de la circulation. En partie pour faire du cinéma, mais en partie aussi parce qu'il avait un plan, qui, pour reprendre une parole qu'on attribue à Sam Goldwyn, m'incluait en m'excluant.

Sur le seuil, la masse de Jeremy et le poids invisible qui pesait sur son front me donnèrent à penser que Ressner avait déjà mis ledit plan à exécution. Je sautai de la voiture et rejoignis Jeremy au petit trot.

— Trop tard, dit-il doucement.

— Il a tué Mae West ? croassai-je.

Jeremy me regarda avec tristesse.

— Tué... non. Tu arrives trop tard. Il... elle... c'est arrivé hier soir. Habillé comme ça. Je buvais du jus d'abricot dans la cuisine. Les deux...

— Bibi et Lolo, dis-je. Les gorilles en forme de serre-livres.

— Oui, poursuivit Jeremy. Ils étaient partis faire des courses. Miss West a ouvert avant que j'aie eu le temps de la précéder. Il avait un couteau. Je suis arrivé à la porte du salon aussi vite que j'ai pu, mais il était trop tard.

— Jeremy, tout ça est très palpitant, mais tu es arrivé trop tard pour quoi faire ? Elle est grièvement blessée ?

— Pas du tout. Elle l'a sonné sur la tête avec des poèmes de Keats que je lui avais prêtés. Ressner, ou un autre, a reculé, en se tenant la figure, le nez en sang. Il avait l'air de vouloir revenir à l'attaque, mais il m'a vu et a couru vers sa voiture. Il portait des talons hauts, mais je n'ai pas pu le rattraper.

— Une Packard bleue ? dis-je.

— Oui, je crois, dit Jeremy en frictionnant sa tonsure. Il fallait la voir, debout sur le seuil, les mains sur les hanches. Quelle femme ! Je travaille à un poème sur elle, Toby.

— Continue, Jeremy. Où est-elle en ce moment ?

Il me conduisit en haut et je frappai. La voix de Mae West répondit :

— Qui est-ce ?

— Toby Peters.

— *Entrez*, dit-elle en français.

Ce que je fis, Jeremy sur les talons.

Assise devant une coiffeuse blanche, elle se regardait dans la glace, un grand chapeau à plumes couleur pêche sur la tête.

— Thérapie, m'expliqua-t-elle en ôtant son chapeau. Je médite une heure tous les matins, puis j'essaie des chapeaux. Vous devriez essayer un de ces jours.

— Je serais ravissant avec ce galurin.

Elle éclata de rire, d'un profond roucoulement de gorge.

— Je parlais de la méditation, dit-elle. J'ai travaillé avec un vrai yogi, qui pouvait être un authentique charmeur quand il voulait.

— Ressner est revenu hier soir, suggérai-je.

Elle se retourna pour me regarder et m'indiqua une causeuse sortie tout droit d'un vieux film français. Elle était fragile et dure, et j'espérais que Jeremy ne viendrait pas m'y rejoindre. La chambre était pleine de miroirs, et Mae West me regarda regarder, un sourire amusé aux lèvres.

— Cabrioles et rigolade, dit-elle.

Je la regardai.

— Ce Ressner, reprit-elle, c'est lui qui vous a cassé la tête ?

— Exact.

— Il n'est pas fort pour la galanterie, dit-elle rêveuse en haussant les sourcils.

Elle ne semblait absolument pas avoir peur, et je me demandai pourquoi.

— Il ne vous fait pas peur ?

— Un peu, concéda-t-elle, mais je suis à un mauvais tournant de ma vie et de ma carrière. Cette histoire de divorce, les protestations que provoque mon travail, tout cela me mine. Je ne sais pas si je monte ou si je descends, ni qui j'entraîne avec moi. Permettez-moi de vous donner un conseil. Ne travaillez jamais avec W. C. Fields. C'est l'expérience la plus déprimante de ma carrière. En fait, je vous conseille d'éviter les comiques. Ils sont tout le temps en train de s'apitoyer sur eux-mêmes.

— Mais n'êtes-vous pas une comique ? demandai-je.

— Je suis une institution nationale, un trésor d'érotisme étouffé par le refoulement dont ce bon vieux Sigmund nous a parlé ; mais nous étions trop inhibés pour le comprendre, dit-elle en souriant. Je suis tellement convenable dans *Mon poussin* que ma propre mère aurait du mal à me reconnaître. Alors, toute cette excitation est tombée à point, juste au moment où j'avais besoin d'être un peu stimulée. Et j'ai été gentille avec ce bon vieux Jeremy.

Jeremy, debout près de la porte, détourna pudiquement les yeux.

— Je ne crois pas que Ressner reviendra, dis-je. Pas pour le moment. Je crois qu'il va viser une autre cible.

— Qui, fit Mae West, a dit que c'était Ressner, hier soir ?

— Ce n'était pas le même ?...

— Je ne sais pas, hasarda-t-elle en se levant pour

admirer dans une immense glace sa robe ambrée à grosses fleurs.

Elle se tapota l'estomac et inspira profondément pour rentrer son ventre, qui resta rentré.

— Je n'ai jamais bien regardé ce monsieur, l'autre soir, reprit-elle, et je ne l'ai pas bien examiné non plus hier. Je n'ai vu qu'une minable silhouette déguisée, avec un couteau, et je n'ai pas attendu le dialogue. J'aurais pu me servir d'une urne grecque.

— Si vous êtes d'accord, dis-je en me levant, Jeremy va rentrer en ville avec moi. Je crois que j'ai une bonne piste pour Ressner, et j'aurai besoin de son aide. Nous allons attendre le retour de vos gorilles, et j'appellerai les flics du coin pour les avertir que vous avez reçu des menaces de mort. Ils vous surveilleront pendant vingt-quatre heures.

— Puisqu'on parle de gendarmes, dit-elle en se tournant vers moi, comment le Panda prend-il tout ça ?

— Le Panda ?

— Phil, expliqua-t-elle avec un grand sourire.

— Le Panda ?

Je supputais qu'il devait avoir l'air d'un panda plutôt constipé, à cette heure.

— Il est en pleine forme, mentis-je.

— Transmettez-lui mes amitiés quand tout ça sera fini, dit-elle. Et n'oubliez pas de m'envoyer votre facture.

— Pas question de facture. Je vous l'ai dit, c'est une faveur. Mais j'accepterai quand même quelque chose en paiement.

Elle me regarda, puis, sans remuer la tête, tourna les yeux vers le lit d'un air comiquement libidineux.

— Et qu'est-ce que ce sera ?

— Ce chapeau. Ce truc pêche que vous portiez tout à l'heure.

— Vous êtes sûr qu'on vous a bien recollé la tête à

l'endroit ? demanda-t-elle en regardant Jeremy, puis moi.

— J'en suis sûr. J'ai besoin d'un cadeau de mariage pour une vieille amie.

Elle haussa les épaules, se retourna, mit le chapeau dans un grand carton à chapeau blanc, noua les cordons et me tendit le tout.

— Tout le plaisir est pour moi, dit-elle en me serrant la main.

Je pris le volumineux paquet et sortis.

Je descendis vivement l'escalier à la recherche d'un téléphone, Jeremy sur les talons.

— Magnifique, dit-il.

— Ça suffira.

— Je ne parlais pas du chapeau.

On entra dans la cuisine. J'y trouvai un téléphone et j'appelai la police locale. Puis on attendit avec impatience l'arrivée des flics et le retour de Bibi et Lolo.

Pendant ce temps, Mae West se reposait tranquillement à l'étage.

Jeremy me lut un bout de son poème en cours d'exécution sur Mae West, me confia combien d'îles nous avions perdues du jour au lendemain dans le Pacifique, et fit une pile de sandwichs à l'œuf vinaigrette, qu'on mangea, accompagnés de quelques morceaux de fromage et d'une bière.

Un jour, quand j'aurai le temps, je publierai un livre de cuisine gastronomique révélant les recettes favorites de Toby Peters : Nero Wolfe en bavera d'envie.

Quand les flics — bons péquenots d'au-delà des collines — s'amenèrent, la main posée sur la crosse de leurs pistolets, je restai discrètement à l'arrière-plan tandis que Jeremy se présentait comme ami de la famille. Il leur expliqua que Mae West, traumatisée par les événements, dormait dans sa chambre, et que Bibi et Lolo leur expliqueraient tout, vu qu'ils entraient justement, les bras chargés de sacs d'épicerie.

Ils en eurent l'air complètement ahuris.

— Voilà votre heure de triomphe, les gars, dis-je. Miss West désire la protection de la police pour la journée. Mettez-les au courant.

Jeremy et moi, on franchit la porte, plantant là le duo pendant que les flics attendaient des explications. Ils seraient sans doute forcés de réveiller Mae West pour amadouer les flics et réparer les dégâts, mais j'avais d'autres dégâts à prévenir.

En roulant vers Los Angeles, je fis un récit complet de mes aventures à Jeremy. Sklodovich l'enchanta particulièrement, et il envisagea de se mettre en rapport avec lui pour lui donner un meilleur programme d'exercices.

— La tension dynamique, c'est bon pour le tonus corporel, dit-il, mais il faut faire travailler les muscles et transpirer pour nettoyer le corps. Le monde n'est pas propre, Toby. Pas propre. Mais nous, nous devons veiller à ce que nos corps et nos esprits restent propres. Pas au sens puritain classique, au sens de la suppression de la pollution de l'atmosphère et de la pensée.

— Tu l'as dit, bouffi. Et Ressner ?

— Je me demande pourquoi il a soudain versé dans la violence, dit Jeremy.

— J'ai l'impression d'entendre le Dr Winning. Il a mijoté quatre ans dans sa couveuse. Moi, je n'y ai passé qu'un seul jour, et entre les médecins et les patients, j'ai failli me transformer en kangourou qui louche.

— Peut-être, dit Jeremy, mais il y a toujours des éléments qui manquent. Et la femme qui a appelé l'institut en se faisant passer pour ta sœur ?

— Ressner s'y entend pour imiter les accents et les voix, lui rappelai-je. Tu te souviens de l'autre soir à la piscine ?

— Il manque quand même des éléments, s'obstina-t-il.

— Jeremy, j'ai assez de mal à ne pas compliquer l'affaire. Allons simplement à la Paramount, et faisons de notre mieux pour sauver la vie à Cecil B. De Mille.

On s'arrêta à ma pension, pour y faire ce que j'espérais une rapide escale. Jeremy m'attendit dans la voiture tandis que je montais en catimini, cherchant à éviter une rencontre avec Mme Plaut. Il fallait que je m'habille pour la réception de la Paramount.

Je trouvai un message punaisé sur ma porte. Griffonné au crayon rouge, indubitablement de la main de Mme Plaut, il annonçait : FAITES-MOI LE PLAISIR DE DEBARRASSER MA CHAMBRE OU DE CE BOUT DE FERRAILLE OU DE VOUS-MEME.

J'entrai et examinai mon pare-chocs soigneusement posé par terre. Je n'avais pas eu le temps d'aller m'engueuler avec Arnie-Cou-de-Taureau au sujet du pare-chocs, de la radio, de la jauge d'essence et de mes déplacements futurs. Je posai le carton à chapeau sur mon lit et allai au placard. Je n'avais plus beaucoup de choix.

Je sélectionnai un pantalon marron et une chemise blanche avec une grosse tache dans le dos qui ne se verrait pas si je n'ôtais pas le petit gilet de garçon de restaurant que je sortis du fond du placard. Il sentait la sueur rance, mais pas la mienne. C'était mon prédécesseur qui l'avait laissé dans la chambre en déménageant. Ce type était assez grand, mais il avait les bras plus petits que les miens. Pour en distraire l'attention, je mis la cravate que Shelly m'avait donnée pour Noël deux ans plus tôt, et que je n'avais jamais portée. Elle était bleu ciel, décorée des lettres ADA brodées en rose. Je soupçonnais que c'était un cadeau du congrès de l'Association dentaire américaine. Shelly m'avait dit que ça voulait dire Amis Dévoués A jamais.

Je me regardai dans la glace de la salle de bains, et je sus immédiatement que si les Japonais cherchaient une cible facile, ils en auraient une dès que j'aurais mis le pied dans la rue.

Gunther passa la tête par la porte comme je m'apprêtais à partir.

— Toby, commença-t-il, puis il resta bouche bée, considérant mon costume.

— Mais oui, Gunther, dis-je avec sérieux. Je vais à une réception de la Paramount. De Mille est en danger.

Gunther, qui dépensait une bonne partie de son argent en complets classiques sur mesure, n'arriva pas à détacher ses yeux de ma cravate en parlant.

— Mme Plaut est fort en colère, dit-il. Fort en colère. Je lui ai dit que cette grande pièce de métal était une sculpture moderne exécutée par un soldat.

— Très inventif, Gunther, dis-je sincèrement.

— Toutefois, elle n'a pas accepté mes explications. Je n'ai pas vos dons pour détourner la conversation, dit-il, légèrement penaud.

— Persévérez, le consolai-je, et vous y arriverez. Vous venez avec nous ?

— Oui, peut-être, dit-il avec animation. Hans Mulsin a attendu deux cents ans pour être traduit en anglais. Il peut bien attendre quelques heures de plus. Je vais chercher mon pardessus.

Je regardai nerveusement l'escalier, craignant l'apparition de Mme Plaut, et j'attendis. Gunther émergea enfin, arborant redingote, feutre mou et canne.

— Nous allons à une réception élégante, n'est-ce pas ? fit-il.

— Elle l'est pour le moment, dis-je en passant le premier.

Jeremy et Gunther se saluèrent et, avec beaucoup de dignité, Gunther posa la main sur son chapeau et se tassa dans l'étroit espace derrière nous.

Dix minutes plus tard, nous étions à la Paramount où un garde nous arrêta à la porte et regarda dans la voiture.

C'était un vieux briscard nommé Belzer, que j'avais rencontré une ou deux fois quand je travaillais pour la Warner. Maintenant, la plupart des gens qui travaillaient pour les studios étaient de vieux briscards. Les jeunes portaient des uniformes différents.

— Toby Peters, n'est-ce pas ? dit-il.

Il regarda dans la voiture, la casquette profondément enfoncée sur le front, et échangea un salut avec Jeremy et Gunther, qui dépassait légèrement du dossier, de même que le pommeau d'argent de sa canne.

Des petites touffes de poils blancs avaient poussé dans les oreilles de Belzer depuis la dernière fois que je l'avais vu. C'est décoratif.

— Je n'arrivais pas à croire que c'était vous quand M. De Mille m'a laissé la liste de sa petite sauterie ; je vous ai repéré tout de suite, reprit Belzer. Alors, qu'est-ce que vous faites ?

— Des dettes, dis-je.

Il regarda mon accoutrement, ma cravate, ma Ford et hocha la tête. Il me crut.

— Vos amis sont invités ? dit-il.

Une voiture vint se ranger à côté de nous, et Chester Morris passa la tête par la vitre. Belzer lui fit signe de passer.

— Ce sont mes associés, dis-je. Nous sommes ici pour protéger De Mille contre un fou nommé Ressner.

Je lui décrivis Ressner, et il réfléchit, mais il avait vu des tas de gens ce jour-là, dont une bonne partie auraient pu être des Ressner, mâles ou femelles.

— Je ne me rappelle pas, mais ça ne veut rien dire, fit-il. Roulez droit devant vous. Au bout de la rue, tournez à gauche. Il devrait y avoir des tas de bagnoles. Trouvez-vous une place et suivez la foule.

Dans le rétroviseur, je vis que la voiture derrière moi était celle de Madeleine Carroll. La réception s'annonçait belle.

CHAPITRE XV

Par ce bel après-midi de mai, on se gara, on descendit de voiture et on dépassa Chester Morris en suivant la foule. La femme qui accompagnait Morris regarda pardessus son épaule et nous salua de la tête. Morris nous jeta un coup d'œil et dit : « Ce doit être pour les attractions. » Il nous sourit et on lui sourit. Il se trouve qu'on fut vraiment une attraction, mais pas du genre qu'il avait en tête.

Dans un studio plein de visages célèbres, nous n'eûmes pas à rougir de notre capacité à attirer l'attention. C'est pourquoi je décidai qu'il valait mieux nous séparer. Je redécrivis Ressner à Jeremy et à Gunther, tout en sachant que ma description ne servirait pas à grand-chose. La solution, c'était de coller à De Mille et de surveiller quiconque pouvait avoir un couteau caché, mais nous n'étions même pas sûrs qu'il resterait fidèle à son arme familière.

La foule s'écoulait et je me mis à l'écart. Quelques secondes plus tard, j'avais perdu de vue Gunther et Jeremy. A vue de nez, et j'avais gardé pas mal de flair de mon expérience des grands jours de premières dans les studios, il y avait quatre à cinq cents personnes dans la salle où nous étions parqués.

L'endroit me sembla familier, et j'essayai de l'imaginer sans tous ces gens en costumes modernes. C'était le décor d'extérieur représentant la cour du roi Richard dans *Les Croisades*.

Sur le mur de pierre s'étalait une immense affiche, avec un matelot de B.D. agitant des papiers. Les lettres bleu, blanc, rouge exhortaient : SOUSCRIVEZ AUX BONS DU TRESOR. FAITES VOTRE DEVOIR. NOUS FAISONS LE NOTRE.

Je m'appuyai contre un pilier en bois, proche d'une fontaine Wallace, et scrutai la foule.

— Vous cherchez quelqu'un en particulier pour lui jeter le mauvais œil, ou vous vous contenterez de n'importe qui ? lança une voix derrière moi.

Je connaissais la voix et je n'avais pas envie de me retourner, mais je n'avais pas le choix. Un costaud dit « Excusez-moi » en passant, à la recherche d'un endroit où se percher, et moi, je me retournai vers Brenda Stallings. Son nez était à un pied du mien et elle avait l'air fatiguée. Elle portait un tailleur beige et des boucles d'oreilles orange, mais elle ne rayonnait pas. Elle tenait un sac à la main, et je me demandai s'il n'y aurait pas un petit pistolet dedans. J'avais réussi à me trouver dans les parages quand deux hommes de sa vie avaient perdu la leur.

— J'essayais de sauver la vie à Talbott, expliquai-je.

Elle secoua la tête, en grinçant des dents, et m'examina depuis mon bandage, ma cravate ADA, mon gilet de serveur jusqu'à mon froc flottant.

— Vous êtes déguisé en quoi ? s'enquit-elle.

— Intermède comique ? essayai-je.

Elle porta sa main droite à ses yeux et se mit à trembler. Je tendis la main et lui touchai l'épaule.

— Je ne sais pas si je ris ou si je pleure, dit-elle en abaissant sa main et en cherchant son mouchoir dans son sac. Les deux à la fois, sans doute.

— Logique, dis-je en continuant à scruter la foule à

la recherche de Ressner. C'est la même chose pour moi la plupart du temps.

Elle me regarda de ses yeux d'un bleu si intense, maintenant pleins de larmes, et dit :

— Et ça finit comment ?

— Je souris. Je vais vous chercher un verre ? J'ai vu des plateaux qui circulaient.

— Oui, soupira-t-elle. Pourquoi pas ?

Je me frayai lentement un chemin dans la foule. Je dépassai une actrice de composition dépourvue de menton, que je reconnus mais sur laquelle je n'arrivais pas à mettre un nom. La plupart des gens que je dépassais avaient des têtes de producteurs ou de banquiers. De gens à fric.

C. Aubrey Smith et moi tendîmes la main vers le même verre.

— Après vous, cher ami, dit-il avec jovialité en essayant de lire les lettres de ma cravate.

Il prit un verre de vin sur le plateau, porta un doigt à sa grosse moustache blanche, et dit en montrant ma cravate :

— Je peux vous demander ce que c'est ?

— Amis de la Défense Américaine, expliquai-je.

— Vous avez raison, fit-il en me tournant le dos.

Je me refrayai un chemin dans l'autre sens, jusqu'à Brenda Stallings, et lui tendis un verre de vin. Je sirotai une gorgée du mien, et je la regardai avaler le sien, cul sec, tête renversée en arrière. Plutôt que de retraverser la foule, je lui donnai le mien. Elle le prit et l'engloutit avant que mon bras ait eu le temps de reprendre sa place à mon côté.

Je pris les verres vides et les posai dans le bassin au pied de la fontaine Wallace.

— Toby, dit Brenda, dominant le brouhaha, rendez-moi service. Ne venez jamais me voir et ne me parlez jamais. Jamais, jamais.

Elle me toucha la joue.

— J'essaierai, dis-je, et elle disparut alors que quelque chose commençait à bouger derrière moi.

Je me retournai. Sur une plate-forme dominant la foule, se dressait un homme debout devant un micro. Un bourdonnement strident sortait d'un haut-parleur, et l'homme en smoking se mit à parler en émettant un fort crépitement sur les « t » parce qu'il s'exprimait trop près du micro. La radio, ce n'était pas son truc.

— Mesdames et messieurs, s'il vous plaît. Un instant d'attention. Je suis heureux de vous accueillir aujourd'hui au nom de la Paramount. J'ai le grand plaisir de vous présenter notre hôte, M. Cecil B. De Mille.

De Mille grimpa sur la plate-forme et s'avança, accompagné d'un vieillard en noir, qui tenait le milieu entre le croque-mort et Abe Lincoln glabre. De Mille était en chemise blanche et veste marron clair, avec pompes marron.

— Mesdames et messieurs, dit-il quand les applaudissements se furent calmés.

Il parlait lentement, clairement, en artiste du microphone.

— Je considère comme un grand honneur de partager aujourd'hui cette tribune avec l'homme qui a sans doute le plus fait pour l'industrie dans laquelle nous travaillons, l'homme qui a transformé la technologie en art, le véritable pionnier du cinéma, j'ai nommé M. David Wark Griffith.

Souriant d'un air embarrassé, Griffith s'avança sous les applaudissements et se pencha vers le micro.

— Je vous remercie, C.B., dit-il. Et je vous remercie tout particulièrement de me donner l'occasion d'encourager tous nos amis ici présents à soutenir l'effort de guerre américain.

De Mille le relaya, et tout le monde comprit que leur petit numéro avait été soigneusement répété.

— Oui, D.W. Nous sommes arrivés à un moment crucial de la guerre qui se livre autour de nous, à un moment où nous devons consacrer à la victoire tous nos dollars, tous nos efforts et tous nos sacrifices. J'aimerais que vous souscriviez aujourd'hui un million de dollars de bons du Trésor. Cet après-midi. Je sais que vous en avez les moyens, comme je sais que l'Amérique a la volonté de gagner la guerre.

— C.B., dit Griffith d'une voix très cultivée, je tiens à donner l'exemple en souscrivant immédiatement un bon de cent dollars.

De Mille applaudit et je me demandai si Griffith pouvait se permettre le luxe d'un achat de cent tickets. Un ami m'avait dit que ce pauvre vieux en était réduit aux fonctions de consultant bénévole aux studios Hal Roach.

— Et maintenant, reprit C.B., monsieur Griffith, nos volontaires et moi-même allons circuler parmi vous. Des rafraîchissements sont à votre disposition, et un grand nombre d'entre vous ont aimablement accepté d'assurer le spectacle. Amusez-vous bien, ouvrez vos cœurs et vos bourses, vos âmes et vos portefeuilles, et aidez-nous à faire de cette réunion un événement dont Hollywood pourra être fier.

Ils sortirent sous les applaudissements en faisant adieu de la main, et laissèrent la place à Kay Kyser qui ajusta ses lunettes en disant :

— Salut les amis !

Avant qu'il ait le temps d'appeler Ish Kabile sur le podium ou qu'il ait donné le signal du départ à son orchestre, je plongeai dans la foule pour rejoindre De Mille.

Les gens affluaient autour des tables dressées pour la vente des bons. Je passai derrière l'une d'elles au moment où l'orchestre attaquait son premier morceau. J'eus l'impression de reconnaître la voix de Ginny

Simms chantant *Who's Sorry Now*, mais je ne vis pas De Mille.

Quelqu'un me toucha le bras, et, baissant les yeux, je vis Gunther. Je fus obligé de me pencher pour l'entendre par-dessus la musique et les voix.

— Toby, dit-il, ne m'avez-vous pas dit que Miss West a frappé ce Ressner au visage hier soir ?

— C'est exact.

— Eh bien, là-bas, l'un des garçons qui servent le punch a un pansement sur le nez. C'est peut-être une coïncidence, mais...

Je mis immédiatement le cap sur le bol à punch indiqué par Gunther. Ma progression fut lente.

La table au punch était longue, couverte d'une nappe blanche et de petits verres. Derrière se dressaient, non pas un, mais trois serveurs. L'un d'eux, effectivement, avait un pansement sur le nez. Il avait de longs cheveux noirs et arborait une moustache noire, mais c'était bien Ressner, l'homme qui était venu à mon bureau en se présentant comme le Dr Winning. J'essayai de contourner un petit gros, qui, le pied posé sur une chaise, rattachait son lacet.

Ressner leva les yeux, au bon ou mauvais moment, et me repéra. Son regard m'apprit que je n'aurais pas dû me trouver là. J'aurais dû être bouclé à l'asile de dingues de Fresno. Il se retourna et s'enfonça dans la foule. Je suivis.

J'avançai péniblement pendant quatre ou cinq minutes au milieu de célébrités qui me posaient des questions sur ma cravate, et de gens qui refusaient de se déplacer ou d'être déplacés. Pas de Ressner. Je renonçai et cherchai De Mille. A la place, je repérai Jeremy, en grande conversation avec une matrone.

— Le romantisme revient en force avec la jeune génération des poètes anglais, disait-il au moment où je le saisis par le bras.

Il s'excusa et je lui demandai de m'aider à trouver et à surveiller De Mille. Je lui parlai de Ressner et de son déguisement, et on se sépara.

Quatre minutes plus tard, je repérai De Mille, sans Griffith cette fois, qui retournait au podium pour prendre le micro.

— Nous sommes bien partis, dit-il. Mais nous pouvons faire mieux. Ouvrez vos cœurs, comme je sais que vous le pouvez.

— Blasphémateur ! lança quelqu'un derrière lui.

Le brouhaha de la foule se tut et tout le monde leva les yeux. Un personnage monta sur la scène, déguisé en ermite avec un long bâton en bois. Il avait aussi un pansement sur le nez.

— Oh, mon Dieu ! fit De Mille, mais ce fut presque inaudible car il avait détourné la tête du micro.

La foule attendait, attentive, se demandant ce que serait ce nouveau numéro. J'essayai de bousculer les gens pour passer, tandis que Ressner s'avançait sur De Mille, bâton levé.

Je voyais Jeremy sur ma droite, qui forçait la voie avec plus de succès que moi, mais toujours trop loin pour arriver au podium avant que Ressner ait le temps d'abattre son bâton. Les gens debout autour de la scène durent aussi penser que c'était un numéro, car personne ne bougea pour porter secours à De Mille.

Continuant à m'avancer, je levai les yeux et vis De Mille planté résolument, pieds écartés, face à l'ennemi.

J'étais au bas du podium quand Ressner leva son bâton et gueula :

— Pour toutes les ordures que tu as portées à l'écran et la profanation que tu as fait subir au Seigneur, je te frapperai.

— Votre connaissance de la Bible est aussi faible que votre jeu, répondit De Mille. Maintenant...

Ressner allait abattre son bâton sur la tête de De

Mille, et ni Jeremy ni moi n'étions assez près pour faire quelque chose. Mais soudain, le lourd bâton s'échappa de ses mains et vola dans la foule tandis que Ressner trébuchait.

Maintenant, au bord de la scène, je voyais Gunther, canne en extension. J'en conclus qu'il était monté sur le podium et avait frappé Ressner au mollet. J'avais deviné juste. Furax, Ressner empoigna Gunther au collet et le traîna en plein milieu de la scène, où tout le monde pouvait le voir. De Mille s'avança pour porter secours à Gunther, mais Ressner le souleva et le jeta dans la foule. Les gens tombèrent comme des dominos quand Gunther s'abattit sur eux. Et Ressner, au fond du podium, sauta au milieu des invités.

Acclamations et applaudissements assourdissants éclatèrent ; un homme cria :

— Numéro magnifique, C.B.

Une voix de femme confirma :

— On pouvait s'y attendre avec C.B. Quel sens du spectacle ! Formidable !

De Mille remonta vivement sur le podium et j'aperçus Jeremy qui plongeait dans la foule à la poursuite de Ressner. Je m'approchai de Gunther qu'une ravissante jeune fille aidait à se relever et à s'épousseter.

— Vous avez été merveilleux, disait-elle.

— Comment ça va, Gunther ? demandai-je.

— Bien que n'aimant pas me donner en spectacle, comme vous le savez, Toby, dit-il en cherchant des yeux son chapeau, je suis bien entraîné à tomber et tout à fait capable de survivre à cette chute et à cette indignité. La mère de la charmante enfant sur laquelle je suis tombé doit être dans l'angoisse.

La jolie fille se souvint de sa mère, détacha de Gunther son regard fasciné et s'approcha d'une femme qui, assise sur une chaise, semblait avoir encaissé une droite de Jim Thorpe au plexus solaire.

Je me relançai à la poursuite de Ressner, passant près de Griffith qui disait :

— Carol Dempster. Sans aucun doute. Carol Dempster.

La foule s'éclaircissait aux limites du décor, et je m'avançai entre deux immeubles, dans la direction approximative où j'avais vu disparaître Ressner et Jeremy. Rien. J'appuyai sur ma droite, et je m'aperçus que je revenais vers la réception et le décor des *Croisades*.

Je grimpai un escalier en bois et me retrouvai sur la tour qui dominait la sauterie. Devant moi, à une vingtaine de mètres, Jeremy fonçait sur Ressner, coincé dans un cul-de-sac. Je me mis à courir. Ressner s'avança tout au bord de la plate-forme, à dix mètres au-dessus de la foule. En bas, personne ne parut le remarquer. Jeremy fit un pas de côté et je vis le visage du dingue, trop impassible à mon goût. Ça n'annonçait rien de bon.

Ressner lança le poing et atteignit Jeremy au menton, mais Jeremy n'y accorda pas la moindre attention. Ressner fit un dernier pas en arrière et lança une droite au cou de Jeremy, qui ne s'en soucia pas.

— J'aurais dû être une star ! gueula Ressner au nez de Jeremy. Je suis un grand acteur. Le monde est injuste.

Pour toute réponse, Jeremy le saisit par son costume d'ermite et le souleva. Je m'arrêtai à trois mètres, et Jeremy leva Ressner au-dessus de lui, comme Ressner l'avait fait de Gunther. Aucun doute sur ce que Jeremy avait en tête. Il allait jeter le cinglé au milieu de la foule.

Ressner me regarda avec un mélange de peur et de satisfaction. Il allait peut-être mourir, mais il vivrait son plus grand moment. Tout Hollywood était rassemblé pour sa grande scène.

— Jeremy ! criai-je pour dominer l'orchestre qui attaquait *Darktown Strutter's Ball*. Gunther n'a rien. Pas même une écorchure.

Pour toute réponse, Jeremy souleva Ressner encore plus haut.

— C'est ça qu'il espère, Jeremy, dis-je. Une entrée fracassante dans le monde du cinéma. C'est la mort qu'il a toujours souhaitée.

Jeremy hésita et je fis un pas en avant.

— Il souffrira plus s'il retourne à l'institut Winning ou s'il passe devant les tribunaux, fis-je.

Sur quoi Jeremy se retourna et jeta Ressner à mes pieds. Le fou atterrit sur le dos, rebondit, grogna et roula sur le flanc.

— Et qu'est-ce que tu fais de ma satisfaction personnelle ? demanda Jeremy en se frottant les mains.

— Tu la trouveras dans la poésie, dis-je en saisissant Ressner par le bras.

Jeremy hocha la tête devant la sagesse de ma remarque et m'aida à traîner le corps non martyrisé de Ressner dans l'escalier, puis dans le bureau le plus proche, d'où je pourrais appeler mon frère. Ressner était ébouriffé, ses cheveux châtains tombaient sur ses yeux bleus ; Jeremy l'avait assis dans un fauteuil de bureau à petites roulettes. Se grattant le ventre de temps en temps sous son cilice, Ressner se mit à se balancer d'avant en arrière avec un sourire satisfait.

— Pourquoi les avez-vous tués ? demandai-je en regardant les murs de la petite pièce, dont trois étaient complètement nus, et le quatrième décoré d'une grande photo de vieillard au col dur, qui nous considérait tous les trois sans le moindre humour.

— Je ne les ai pas encore tués, dit Ressner d'une voix légèrement chantante, qui, d'après moi, voulait être une imitation de Clark Gable.

— Grayson et Talbott, insistai-je.

— Je n'ai jamais vu Grayson de ma vie, et Talbott, quand nous avons pris un verre ensemble, m'a paru un homme charmant, poursuivit la voix de Clark Gable.

— Et De Mille ? demandai-je.

— Je n'avais pas l'intention de le tuer, fit-il en prenant la voix de Frank Morgan. A la fin de ma scène, mon bâton l'aurait raté. Mais il aurait vu mon jeu. Je les aurais tous tenus dans le creux de ma main, lui, la salle, et tout Hollywood.

Il leva la main droite, arrêta de se balancer quelques secondes, regarda sa main et recommença son balancement.

— Et l'argent ? Où avez-vous trouvé l'argent ? repris-je.

— Quel argent ?

La voix avait encore changé et Ressner haussait un sourcil.

— L'argent que vous m'avez donné quand vous vous êtes fait passer pour le Dr Winning. L'argent pour acheter des vêtements neufs. L'argent pour payer votre essence, pour engager quelqu'un qui appelle le Dr Winning et envoie un chèque à Winning afin qu'il me mette en observation à l'institut. Cet argent-là.

Ressner haussa un peu plus le sourcil, et il fit la moue. Je reconnus presque l'expression, mais pas tout à fait.

— Pour le moment, je n'ai pas la liberté de le révéler, dit-il.

— Qui imitez-vous ?

— Franchot Tone, dit-il en branlant du chef devant tant d'ignorance. Je ne répondrai plus à aucune question. Je ne trahis pas ceux qui me servent fidèlement. Je retourne à l'institut.

— Je suppose. Vous avez le bonjour de Sklodovich et de La Combine.

Ressner continua à se balancer et haussa les épaules. Jeremy nous tournait le dos et regardait par la fenêtre. Une idée commençait à se faire jour dans les profondeurs de mon informe cervelle.

Phil et Steve Seidman arrivèrent environ une demi-heure plus tard, juste au moment où je commençais à ne plus supporter les vaticinations de Ressner. Au lieu de répondre à mes questions, il prenait un air supérieur et discutait de la qualité de son interprétation au cours des quelques jours qui venaient de s'écouler. Je n'étais pas d'humeur à jouer les critiques admiratifs, vu que j'avais eu les seconds rôles. Je ne lui tirai rien de sensé au sujet des meurtres, et décidai de l'abandonner à Phil, dont le charme et la manière douce ne pouvaient manquer de faire merveille.

— C'est lui ? dit Phil en le considérant de haut.

— C'est lui.

— Deux meurtres, dit Phil avec un sourire las. On va vous donner un gentil petit logement d'où vous ne pourrez plus emmerder le monde.

— Je n'ai tué personne, déclara Ressner en rajustant son cilice avec dignité et en nous tournant le dos.

Le poing de Phil partit et frappa Ressner derrière l'oreille. Il alla valser dans un coin. Phil s'apprêtait à avancer et à donner à Ressner une véritable auréole de martyr quand Seidman se plaça devant lui.

— Phil, dit doucement Seidman.

Jeremy, debout dans un coin, bras croisés, observait la scène avec intérêt.

— Je ne l'aime pas, dit Phil. Il aurait pu tuer Mae West. Il a effectivement tué deux personnes, et tu sais ce qu'on va lui faire ? On va l'expédier à vie dans une colonie de vacances pour dingues. Autant qu'il emporte quelques souvenirs pour tourmenter ses nuits.

— Du calme, Panda, dis-je en me plaçant à côté de lui.

Il se tourna vers moi, les yeux presque aussi haineux que quand il regardait Ressner.

— Comment tu m'as appelé ? dit-il, bien qu'il eût parfaitement entendu.

— Frangin, dis-je. Je t'ai appelé frangin.

— Et d'abord, pourquoi tu es fringué comme ça ? dit-il en pointant un doigt accusateur sur mon costume.

— Je fais partie des attractions, expliquai-je.

— Tu me fais honte, dit Phil en secouant la tête et en s'écartant de Seidman. Mets-le dans la voiture et conduis-le au commissariat. On va lui poser quelques questions avant de le ramener à l'asile.

Phil ne me parla plus. Je faillis le rappeler pour lui dire qu'il y avait autre chose, que l'affaire n'était pas terminée. Mais ça pouvait attendre. J'avais d'abord quelques petites choses à faire.

Je ramenai Jeremy au Farraday et le remerciai. Gunther l'invita à dîner avec nous, mais il refusa. Il avait pris un jour de retard dans sa lutte contre la décadence du Farraday.

Je déposai Gunther à la pension Plaut et pris mon pare-chocs et mon carton à chapeau. J'apportai le chapeau au bureau de la TWA où Anne travaille avec Ralph. Je ne savais pas si elle continuerait à travailler, et j'étais sûr qu'elle était encore en voyage de noces. Je griffonnai un court message et je demandai à la fille de la réception de lui remettre mon cadeau à retardement. Je ne savais pas ce qu'elle ferait du chapeau. J'espérais que ça la ferait rire et qu'elle le conserverait dans un coin. Par contre, elle pouvait très bien réagir en prenant cet air exaspéré que lui inspirait toujours l'homme-enfant avec qui elle avait autrefois partagé sa vie, et jeter le chapeau à la poubelle. J'allai voir Arnie.

Cou-de-Taureau était un client plus coriace. J'insistai pour qu'il arrange mon pare-chocs et répare la radio et la jauge d'essence gratis. Il insista pour que je lui paye une partie de ce que je lui devais. Je n'avais même plus mon pistolet pour lui faire peur, ou à mettre en gage au clou.

On conclut un marché. Il me réparerait la bagnole le lendemain. Je trouverais le moyen de lui payer mes dettes d'ici la fin de la semaine suivante, et je lui servirais d'agent de recouvrement pour encaisser les factures que de mauvais payeurs lui laissaient sur les bras. Connaissant certains clients d'Arnie, ce n'était pas la joie, mais je ne pouvais refuser. Mon pare-chocs à la main, il me regarda monter en voiture. Un long voyage m'attendait.

CHAPITRE XVI

Avec moins de deux dollars en petites piécettes retrouvées dans mes poches et dans les coussins de mon canapé, je sortis de la ville. Je connaissais un certain Trencherman au cabinet du secrétaire de l'Etat, qui pourrait sans doute me faire obtenir un duplicata de mon permis de conduire raisonnablement vite si je le suppliais, mais je n'avais pas le temps de téléphoner. Les supplications ne me gênaient pas.

L'après-midi tirait à sa fin quand je m'arrêtai devant la station-service Dot's Dixie. Je klaxonnai. C'était la première fois que je me servais du klaxon. Il ne marchait pas. Je descendis et appelai, ajoutant ce putain de klaxon à la liste de réparations gratis d'Arnie. Arnie avait à peu près autant de comptes à rendre que le général Franco.

— Il y a quelqu'un ? criai-je.

Tommy le bâtard sortit en bondissant de derrière la station, s'arrêta, s'assit et me regarda. Quelques pas derrière lui s'avançait Dot en personne, les mains dans les poches de sa salopette, la pipe au bec, perdu dans ses pensées.

— Qu'est-ce que je peux faire... Ah, c'est vous, le gars qui est parti avec le nain.

— C'est moi, concédai-je. Et si vous me donniez de l'essence ? Je vous fais une proposition. Cette cravate contre quinze litres.

Dot s'approcha pour regarder la cravate. Le chien se plaça à côté de lui et regarda aussi.

— C'est mis pour quoi, ADA ? demanda-t-il.

— Association des Défenseurs de l'Amérique, répondis-je fièrement.

— Dix litres, fit-il. Parce que j'ai fait mon service avec le sergent Alvin York, le meilleur défenseur que l'Amérique a jamais eu.

— Je me rappelle que vous m'en aviez parlé, dis-je comme il s'approchait de la pompe. Qu'est-ce que vous avez fait de mon épave ?

Dot gloussa et montra de la tête l'arrière de la station.

— Je suis en train de la réparer. Je ressoude la transmission, quelques tuyaux, et elle sera comme...

— ... comme neuve, terminai-je.

— Non, pas neuve, mais elle vaudra bien dans les deux cents tickets, et sera sûrement plus en forme que ce que vous conduisez là.

J'achetai une barre de Whiz et un Pepsi, que je payai de quelques précieuses piécettes, fis mes adieux à Dot et Tommy et filai remplir mon devoir.

Plaza Del Lago scintillait de tous ses verts quand je franchis le dernier col et débouchai dans la vallée desséchée. Je ne m'arrêtai pas chez Cal, je ne ralentis même pas. Je n'avais pas besoin de tuyaux et pas de fric à dépenser. De plus, je savais où j'allais, sans être sûr de ce que j'allais y trouver.

Les vérandas des deux hôtels étaient vides. Les gens étaient à l'intérieur, en train de prendre leur repas arrosé d'Eau des Sources du Caniche. Je roulai jusque chez les Grayson et me garai au même endroit que la première fois.

La Packard était à côté de la maison. Le soleil était presque couché et, quelque part dans le désert, un animal se mit à glapir comme un dingue. Je regardai l'arbre de Josué, m'approchai de la porte et frappai.

La porte s'ouvrit et j'adressai mon sourire le plus

aimable au moustachu qui se dressait devant moi ; il porta la main à son abondante tignasse, avec l'air d'un mec qu'on a pris la main à un endroit où elle n'aurait pas dû se trouver.

— Monsieur Peters.

— Je croyais que je m'appelais Pevsner, dis-je au Dr Winning, pour lui donner le temps de saisir une idée ou deux.

— J'en suis sincèrement désolé, dit-il, d'un ton plus que sincèrement désolé. Peu après votre départ, j'ai fait quelques vérifications. Votre histoire était absolument vraie. Je ferai rapporter vos vêtements et votre pistolet à votre bureau.

— Je peux entrer ou vous préférez refermer la porte et prétendre que je ne suis pas venu ?

Il hésita un instant, puis recula pour me laisser passer.

— La famille a été très éprouvée par cette tragédie, dit-il. J'essayais de réconforter Mme Grayson.

— Qui est-ce ? lança la voix de Dolores, qui parut peu après dans le hall.

Elle était en pantalon et corsage blancs et ressemblait à une pub pour le savon Woodbury.

— Vous ? s'exclama-t-elle.

— Je suis le bienvenu partout où j'arrive, on dirait, fis-je en entrant avant qu'on me jette dehors.

— La police de l'Etat vous recherche, dit-elle nerveusement.

— Parce que vous ne leur avez pas dit que je n'avais pas tué Grayson ?

— Je le leur dirai, mais j'ai été si...

Je secouai la tête avec un clin d'œil, exprimant ainsi que son histoire me semblait plutôt minable, et je passai devant elle pour entrer dans le séjour.

— Prenez votre temps pour inventer une histoire, dis-je. J'ai toute la nuit devant moi. Pourquoi ne pas commencer en m'expliquant comment la Packard est revenue ?

Winning répondit du tac au tac :

— Jeffrey Ressner a appelé et a dit à Dolores où il l'avait laissée. Je me suis arrêté à Los Angeles et je l'ai ramenée. En fait, c'est une chance que vous soyez venu. Je pourrai rentrer avec vous.

— Peut-être, dis-je en m'asseyant sur une chaise dure. Où est la veuve éplorée ?

Dolores s'avança en se mordant les lèvres.

— Maman se repose à côté. Tout cela a été...

— Une rasade de pisse de caniche, terminai-je pour elle. Hé, m'man, gueulai-je, vous pourriez vous amener pour une ou deux secondes ?

— Il y a quelqu'un ? lança la voix de Billie Burke, la voix du téléphone.

— C'est moi, Thor, dis-je. Je viens tout régler comme vous voulez.

La cinquantaine, elle était plus petite que sa fille, avec des cheveux bruns grisonnants, et vêtue d'un tailleur noir en veuve qui se respecte. C'était une jolie femme, avec le charme de la fragilité que les hommes forts aiment parfois protéger.

— Je ne comprends vraiment pas, dit-elle, se tournant vers Dolores et doc Winning et quémandant une explication.

— A vous parler franchement, madame Grayson, je ne comprends vraiment pas moi-même, dis-je. Dolores, pensez-vous pouvoir nous concocter ce délicieux café que vous faites si bien ?

— Il y en a sur le feu, dit-elle en me foudroyant du regard. Mais vous feriez mieux de partir, ou nous serons forcés d'appeler la police. Vous bouleversez ma mère.

— Et je crois que je ne vaux rien non plus pour votre tranquillité d'esprit, remarquai-je.

— Cette scène vous enchante, n'est-ce pas, monsieur

Peters ? dit Winning en venant s'asseoir en face de moi tandis que Mme Grayson, toute papillonnante, prenait place à côté de lui.

— Oui, concédai-je. Une fois par an à peu près, je vis un moment comme celui-ci et je le savoure à loisir comme le bon cognac que je ne peux pas me payer.

— Faites-vous allusion à quelque chose ? dit Dolores.

— A une bonne tasse de café. Prenez votre temps. Vous ne raterez rien. Je vais commencer par vous exposer mon scénario, que vous pourrez compléter chacun à votre tour.

Elle regarda Winning qui hocha la tête, et elle s'en alla vers le fond de la maison.

— Monsieur Thor, commença Jeanette Grayson.

— Il s'appelle Peters, Jeanette, corrigea Winning.

Elle reconnut mon nom et la ferma. On resta deux ou trois minutes à se dévisager en silence, puis Dolores revint et me tendit une tasse de café.

— J'y ai mis deux cuillerées de sucre et de la crème, dit-elle.

— Vous avez bonne mémoire, la complimentai-je en buvant.

— Monsieur Peters, vous êtes assommant.

Elle croisa les bras et s'assit.

— Il m'a fallu un certain temps pour débrouiller toute l'histoire, commençai-je entre deux gorgées. Il y a peut-être encore quelques détails qui ne sont pas au point, mais je crois que l'ensemble tient debout.

— Allez-y, dit Winning.

— Tout d'abord, je dois vous informer que Ressner est arrêté.

Ça, ça les prit de court. Ils se regardèrent tous, et Winning leva une main apaisante.

— C'est mieux ainsi, dit-il. J'espère qu'il n'est pas blessé.

— Il va très bien. En ce moment même, il est sans

doute en train de se mettre à table devant deux flics de la Criminelle pleins de muscles mais dépourvus de pitié.

— Mon père devrait avoir un avocat ! cria Dolores en se levant pour aller au téléphone.

— Bonne idée, dis-je. Je vous recommande un certain Marty Leib. Il est un peu cher, mais rien n'est trop beau pour Papa, n'est-ce pas ?

— Monsieur Peters, pépia Mme Grayson, ces sarcasmes me paraissent superflus.

— Permettez-moi de vous raconter mon histoire, et vous roucoulerez vos corrections, répondis-je.

Dolores reposa le combiné et prêta l'oreille.

— A un certain moment pendant ces quatre ans que Ressner a joyeusement passés chez les dingues de l'institut Winning, l'un de vous — sans doute doc Winning — a eu l'idée de se servir de Ressner pour se faire quelques millions de dollars, commençai-je. On laisserait Ressner s'évader. Il se réfugierait chez sa femme compatissante et sa fille affectueuse.

« Tout a bien marché jusque-là. Il s'est mis en rapport avec Dolores et lui a dit qu'il était à l'hôtel *Los Olvidados*. Elle est allée le voir et l'a laissé mijoter son plan contre Mae West. Parfait s'il se faisait prendre. Ça montrerait au monde qu'il était vraiment fou, et vous pourriez le laisser s'évader une deuxième fois. Mais, manque de bol, il ne s'est pas fait prendre. Il s'est débarrassé de moi et il s'est enfui.

« Ça posait un problème. J'ai suivi sa piste par l'intermédiaire des Pouces de l'Ingénieur, et vous saviez que j'arriverais peut-être à le coincer avant que vous n'ayez réalisé votre plan. Alors, vous l'avez persuadé de me faire ce numéro du Dr Winning pour me lancer sur une fausse piste. Il pensait qu'il me manipulait. En fait, il faisait de moi un témoin, le témoin de deux meurtres qu'on allait lui coller sur le dos. Qu'est-ce que vous pensez de ça, jusque-là ?

— C'est ridicule, dit Mme Grayson en se levant, au bord des larmes.

— Exact, admis-je, mais très proche de ce qui s'est passé. Je me suis amené ici sur les chapeaux de roues. Dolores m'a intercepté et m'a dit que Papa était dans la pièce voisine, en conversation avec le grand méchant beau-père. J'ai avalé ça et je suis allé voir. A ce stade, j'ai le choix entre plusieurs théories. N'importe lequel d'entre vous peut avoir poignardé Grayson. Je parierai pour Dolores, qui a dû le refroidir puis sortir en maillot de bain pour m'accueillir et me servir le café. Mon idée, c'est que vous l'avez tué quand vous m'avez vu arriver, en engageant Ressner à s'enfuir dans la Packard, ce qui le désignait comme coupable. Ce café est-il empoisonné ?

— Désolée, dit Dolores. Il ne l'est pas.

— Parfait, repris-je en vidant ma tasse. Je n'ai pas pu rattraper Ressner. Alors vous m'avez lancé sur la piste Talbott. Ressner est fou mais il n'est pas idiot. Pourquoi serait-il allé donner son vrai nom à Talbott ? Il agissait en homme qui veut se faire rattraper, et je l'ai rattrapé en effet au bar Manhattan. Ici, nouvelles conjectures. Ressner a attiré Talbott dans l'arrière-salle. Vous m'attendiez, sachant que je mordrais à l'hameçon une fois de plus. Je ne suis pas très futé et facile à accrocher. Vous avez poignardé Talbott et fait fuir Ressner. Cette fois, je mettrai mon fric sur le Dr Winning ; c'est lui qui a effacé Talbott et m'a assommé à la sortie. Vous avez tous tué Grayson pour l'argent que les femmes vont hériter. Vous avez tué Talbott pour une ou deux raisons que je ne connais pas. Je vais vous en citer une possible. Le meurtre de Talbott étant à la une de tous les canards, personne ne ferait attention à celui de Grayson. Mais j'étais toujours sur la piste, je risquais de faire tout rater, alors vous m'avez fait courir après la lune avec cette histoire de Fresno, vous m'avez fauché mon portefeuille — cela, j'en attribuerai le mérite à Dolores, qui m'a sans doute pris en filature avec la Packard — et vous m'avez laissé me jeter dans la gueule du loup à l'institut Winning, pendant que Papa, perdant les pédales, retournait faire son numéro chez Mae West, et tout à l'heure à la réception de Cecil B. De Mille. Il est fou, c'est sûr, et pas très futé, mais à mon avis il est inoffensif, ou du moins l'était jusqu'au jour où doc Winning lui a mis une mouche dans le canal auditif puis lui a scellé l'oreille par-dessus. Dernière idée : vous n'auriez été que trop contents si Ressner avait eu un accident en batifolant ce matin parmi les célébrités. Et il a bien failli en avoir un. En cas d'arrestation, vous vous seriez arrangés pour lui remettre la main dessus en vitesse et l'empêcher de faire des déclarations gênantes. Mais même s'il en faisait, vous étiez tranquilles, personne ne le croirait.

« Ce n'était pas mal, comme plan, conclus-je. Mais trop compliqué. Trop de lacunes. Trop d'improvisation. Croyez-moi, c'est les imbéciles qui sont difficiles à pincer. Ils font leur coup et se tirent, c'est tout. Après, ils la ferment et ont des chances de se faire oublier. C'est les champions qui se prennent les pieds dans les pédales.

— Je n'ai jamais voulu causer aucun tort à Jeffrey, dit Mme Grayson avec sérieux.

— Aucun d'entre nous ne souhaite le moindre mal à M. Ressner, dit Winning, cherchant sa pipe, la trouvant, et se la plantant dans la bouche. J'ai bien peur, monsieur Peters, que vous n'ayez fait qu'exposer un scénario, comme vous dites. Vous ne possédez certainement aucune preuve de ce que vous avancez.

— Exact, dis-je en me levant. Je ne peux rien prouver, mais avec ce que Ressner est en train de dire en ce moment...

— C'est un fou, dit Winning en retirant sa pipe de sa bouche. N'importe quel psychiatre confirmera son état. Comme vous venez de le dire, personne ne le croira.

— Mais moi, ils me croiront sans doute, dis-je. Je me

demande ce qui se passera quand je raconterai mon histoire à mon frère le flic et qu'il vous invitera chacun à votre tour dans son bureau pour bavarder un peu en prenant le café. Vous allez tous vous couper les uns après les autres, et je parierai que la veuve éplorée craquera avant d'avoir vidé sa première tasse. Il me reste à peu près deux tickets en petite monnaie que je jouerai volontiers là-dessus, et je connais un book qui prendrait Mme Grayson à huit contre un rien qu'après l'avoir reluquée trente secondes.

— Je crois que vous nous sous-estimez, et que vous vous surestimez, monsieur Peters, dit Dolores, s'approchant pour calmer sa mère au bord de l'hystérie.

— Peut-être. Nous n'avons plus qu'à attendre, nous verrons bien. Je vous laisse un moment ; vous pourrez en discuter.

Je fis un pas vers la porte, mais la voix de Winning m'arrêta.

— Stop. Peters, je crois que j'ai ici quelque chose qui vous convaincra de votre erreur.

Je me tournai vers lui, vers eux, et j'attendis. Il s'en alla vivement vers le fond de la maison, fouilla dans une pièce, et revint, un .38 automatique à la main.

— Ne bougez pas, Peters, pendant que nous décidons de la suite.

Mme Grayson pleurait maintenant, mais Dolores vint se placer à côté d'elle.

— La suite est évidente. Vous le tuez, et nous l'enterrons dans le désert, dit-elle.

— D'accord, soupira Winning.

— Vous permettez deux questions à un homme mort ? demandai-je.

— Oui, mais faites vite, Peters. Tout cela bouleverse Mme Grayson.

— Vous m'en voyez désolé. Elle était bonne, mon histoire ?

— Pas mal, concéda-t-il. Quelques petits détails à reprendre, mais pas grand-chose. Deuxième question ?

— C'est mon pistolet ?

— C'est lui, dit-il. Maintenant, Dolores, je suggère que vous emmeniez votre mère un moment.

Dolores et Jeanette obéirent et nous laissèrent seuls.

— Ce pistolet fait beaucoup de bruit quand il part, dis-je en m'avançant d'un pas vers lui.

— Il n'y a personne à un kilomètre à la ronde, et de toute façon, personne ne s'étonne d'entendre tirer la nuit sur des chiens de prairie.

Je fis encore un pas, et il leva le pistolet. Au pas suivant, il tira, mais rien ne se passa. Le pas d'après, j'étais devant lui et lui expédiai une droite de toutes mes forces. Il pressa la détente en tombant. La balle passa par la fenêtre et s'envola dans la nuit. Je lui fis sauter le pistolet d'un coup de pied et il se roula en boule en se tenant le menton.

— Je crois que vous m'avez cassé la mâchoire, gémit-il.

— Ce n'est qu'un espoir, remarquai-je en fouillant dans ses poches et en y retrouvant mon portefeuille. Pas de balle dans la première chambre, expliquai-je. Jamais. C'est ça le problème quand on est amateur.

J'appelai Phil longue distance et invitai la famille à revenir dans le séjour attendre la police de l'Etat. Ils arrivèrent vingt minutes plus tard et nous emmenèrent tous après que je leur eus confié mon pistolet. Phil avait appelé, et j'étais sûr de passer la nuit au bloc, au pire. Je ne savais pas ce qui arriverait aux femmes Grayson et à Winning. Et je m'en foutais.

CHAPITRE XVII

On m'enleva les points de suture trois jours plus tard, le matin où Phil m'apprit que Winning et les Grayson avaient été inculpés de meurtre. L'affaire se présentait assez bien, mais la police aurait du mal si Mme Grayson rétractait ses aveux.

L'histoire avait fait la une de tous les journaux du pays, principalement à cause de la personnalité de Richard Talbott. Le double meurtre partageait la vedette avec la prise de Corregidor par les Japonais et la contre-offensive russe.

Anne ne m'envoya pas de lettre de remerciement pour le chapeau, mais je n'en attendais pas. Arnie non plus ne m'envoya pas de lettre de remerciement quand j'encaissai pour lui quatre factures impayées, dont l'une datait de 1939. Quelques menaces à peine voilées, et, dans le cas de la facture de 1939, la vue de mon holster d'épaule, avaient suffi. C'était un petit bas-du-cul, propriétaire d'un stand à hot-dogs sur Tarzana. S'il avait fait du pétard, il aurait découvert un holster vide. J'avais mis le pistolet au clou chez Weiley, sur Vine, quand la police me l'avait rendu. Avec les cinq dollars qu'on m'en avait prêtés, et les dix-huit restant dans mon portefeuille quand je le récupérai dans la poche de Winning à Plaza Del Lago, j'eus assez pour rembourser Rosie et manger, d'autant plus que je bénéficiai d'un repas gratuit dans la famille de mon frère.

Je dînai avec eux à Hollywood Nord le samedi. Ruth était meilleure cuisinière que la tante Jessica de Mme Plaut, mais je fus obligé de passer une bonne partie de mon temps à surveiller ma nièce Lucy dont la distraction favorite consiste à se glisser derrière les gens, et à les assommer avec tout ce qui lui tombe sous la main, poupée, vieux cadenas ou pistolet à eau, en gueulant « Surprise ! ». Elle avait inventé le jeu tout bébé, et elle avait du mal à en perdre l'habitude à l'approche de ses trois ans.

— Le Président mange des fruits et se rationne en desserts sucrés, dit Ruth, s'excusant de ne pas m'avoir fait mon dessert favori, la tarte au chocolat.

J'épluchai une orange et la mangeai, surveillant Lucy, prêt à défendre jusqu'au bout ma tête mal cicatrisée.

Phil ne dit rien. Enfin, presque rien. A un moment, il demanda qu'on lui passe le ragoût.

Après le dîner, je sortis avec les garçons. J'avais l'impression que Phil voulait me dire quelque chose, mais il se tut. Ruth me pria de ramener les garçons pour onze heures au plus tard, et on partit.

En fait de films, il n'y avait pas grand choix et je ne voulais pas prendre de risque, alors je les emmenai voir un film avec Rita Hayworth et Victor Mature.

— J'aimerais pouvoir faire ça, dit Nat en sortant.

— Quoi ? demanda son frère en se fourrant dans la bouche ses dernières miettes de pop-corn graisseux.

— Faire bouger mes cheveux sur ma tête, comme Victor Mature quand il pense. Tu peux faire ça, oncle Toby ?

J'essayai, sans succès, puis je demandai aux gosses, sans avoir l'air d'y toucher, comment ils avaient trouvé leur père la semaine précédente.

— Comme d'habitude, dit Nat. Pressé. On devait

aller faire un pique-nique au parc la semaine dernière, mais il était encore en train de chasser des tueurs fous. Il en attrape tout le temps, mais il y en a toujours qui restent.

Dave jeta sa boîte de pop-corn vide dans une corbeille, et on grimpa tous les trois à l'avant de ma Ford.

— Vous voulez être flics ? demandai-je.

— Je crois que je serai détective privé, pour tirer sur tous les sales truands, comme toi, dit Nat avec sérieux.

— Le problème, c'est qu'en général c'est eux qui me tirent dessus les premiers, dis-je.

— J'y penserai, fit-il. Dave fera sans doute un numéro comique dans les bouis-bouis de la ville, et Lucy sera une star oubliée.

— Tu as déjà tout prévu.

— Ça paye de faire des projets à long terme, dit Nat en filant un coup de poing à son frère sans aucune raison apparente.

Le jour où on m'enleva les points de suture, je reçus un chèque de mon dernier client, Emmett Kelly, le clown. Il m'invitait à venir le voir quand j'irais dans l'Est. Je lus sa lettre en mangeant un taco chez *Manny's*, en me disant que j'avais maintenant assez de fric pour payer mes loyers, quinze tickets à Mme Plaut pour ma chambre, et dix à Jeremy pour mon bureau. Je donnai vingt dollars de plus à Arnie en acompte de ma Ford maintenant réparée, et il me restait assez pour manger encore une semaine ou deux si je ne conduisais pas trop et si j'arrêtais quelque temps de donner assaut à la vertu imprenable de Carmen, la caissière de *Levy's Grill*.

Donc, le matin où on m'enleva mes points de suture, j'allai au YMCA de Hope Street, après avoir pris rendez-vous avec doc Hodgdon, l'orthopédiste de soixante-six ans qui, comme d'habitude, me battit à plate couture, 21-4, 21-9, en terminant frais comme une rose. Je m'écroulai dans le vestiaire, tandis qu'Hodgdon cherchait quelqu'un d'autre à battre avant de retourner se consacrer aux colonnes vertébrales esquintées.

Je rentrai à ma pension et appelai l'institut Winning, où on m'informa que l'institut changeait de nom. A partir de maintenant, il porterait le nom d'institut de Fresno pour la Recherche mentale. Le Dr Vadergreff avait pris la direction, mais on espérait bien que le Dr Winning reviendrait un jour.

Après quatre-vingt-dix-neuf piges ou perpète, pensai-je, en sollicitant une permission spéciale pour parler à Sklodovich.

— Désolé, dit la femme à l'autre bout du fil, nous n'avons personne de ce nom.

— Cortland, dis-je.

— Nous avons bien un Cortland, dit la femme, mais j'ai bien peur que vous ne puissiez lui parler. Nous avons des ordres stricts...

— Passez-moi le Dr Vadergreff, l'interrompis-je. Dites-lui que c'est Toby Peters. Et ne venez pas me dire qu'il n'est pas là ou qu'il est occupé.

Déclic. Une seconde, je pensai qu'elle avait coupé la communication, puis, nouveau déclic, et je reconnus le Dr Vadergreff à sa première quinte de toux.

— Bonjour, monsieur Peters, dit-il de son ton le plus doctoral.

— Je veux parler à Cortland, dis-je. Si vous refusez, je ferai un procès à votre petite forteresse pour kidnapping. Je ne sais pas si l'accusation tiendra devant le tribunal, mais avec la publicité que vous avez en ce moment, vous auriez à déménager la maison pierre par pierre au Canada.

— Je vois, dit-il. Mais je ne suis pas certain que ce soit bon pour M. Cortland.

— J'ai beaucoup de respect pour votre diagnostic, dis-je, mais pour le moment, je pense que vous pouvez vous le mettre où je pense, et m'appeler Cortland au bigophone.

Il posa bruyamment le combiné. Regardant vers l'escalier, je vis Mme Plaut qui montait lentement vers moi, les lunettes fermement plantées sur le nez, ses yeux étrécis, un paquet de feuilles sous le bras. Je me retournai vers le téléphone, faisant semblant de ne pas l'avoir vue, et je fis « euh-euh-euh » dans le combiné jusqu'à ce que Cortland vienne en ligne.

— Il y a quatre ou cinq ans que je n'ai pas parlé au téléphone, dit-il.

— Quelle impression ça vous fait ?

— Ça me rend nerveux. J'ai déjà l'impression qu'il faut meubler le temps et l'espace, et que si je m'arrête de parler, on perdra de l'argent ou autre chose.

— Je sais ce que vous ressentez. Je vous envoie une douzaine d'oranges cet après-midi. Vous voulez autre chose ? Vous êtes sûr que vous ne voulez pas que je vous aide à sortir de là ?

— Non, merde ! dit-il avec force. On se fait tuer dehors. On essaye de tout nous cacher, mais La Combine a appris la nouvelle pour le Dr Winning. Il paraît que Ressner va revenir. C'est vrai ?

— S'il veut, dis-je. Ce n'est pas le fric qui manquera pour payer sa pension quand la succession Grayson sera liquidée. Ça peut prendre plusieurs siècles, bien entendu, mais le tribunal préférera sans doute payer avec l'argent de Grayson qu'avec celui de l'Etat.

— Parfait, dit Cortland. J'aime bien Ressner. Quel acteur !

— Vous voulez que je vous rende le stéthoscope, l'imperméable et la blouse ?

— Pas besoin, dit-il. Pas besoin. Il y en a tant qu'on en veut, ici.

— Et si je venais vous voir quand j'aurai assez d'argent pour me payer de l'essence ?

Pause à l'autre bout du fil pendant que Sklodovich/ Cortland réfléchissait à la question.

— J'aime mieux pas. Ça me ferait tout drôle, maintenant que je sais que vous n'êtes pas des nôtres. Ne vous offensez pas. Je m'excuse.

— Hé, ne vous excusez pas pour tout et pour rien. Vous vous rappelez ?

— Exact, acquiesça-t-il. Merci pour les oranges.

Puis il raccrocha et je me tournai vers Mme Plaut, qui me fourra son paquet de feuilles dans les bras.

— Simple brouillon, dit-elle. Révision du chapitre du kidnapping de l'oncle Parmarshall.

— Qui l'a kidnappé ? demandai-je en faisant un pas vers ma chambre où j'avais l'intention d'abandonner le manuscrit.

— Personne, dit-elle en me suivant et en m'enfonçant son coude osseux dans les côtes pour faire entrer un peu de bon sens dans ma carcasse délabrée. Profitant de la confusion à Summter's Mill quand Oliver et son gang d'assassins ont essayé de lui voler son fauteuil de coiffeur, c'est l'oncle Parmarshall qui a kidnappé Oliver March.

— Il me tarde de lire ça, dis-je.

— Prenez-en bien soin, cette fois. Et n'oubliez pas, plus de cadavres dans votre chambre, fit-elle en me menaçant du doigt.

Je hochai la tête et je poussai ma porte.

Gunther voyait un éditeur pour un travail, et je n'avais pas envie de lire les aventures de l'oncle Parmarshall, surtout sous forme de brouillon. Je me fis un sandwich avec un reste de salade de thon et une tranche de fromage, arrosant le tout d'un Pepsi.

La suite était évidente, mais je n'avais pas envie de m'y conformer. Je devais appeler les hôtels, pas trop chic mais pas trop minables, de la région de Los Angeles, où je connaissais le détective de service, pour leur demander s'ils n'auraient pas besoin d'un aide à mi-temps ou d'un remplaçant pour ceux qui étaient en vacances ou en dépression nerveuse. Dans les cas de dépression, je pourrais les dissuader d'aller à l'institut de Fresno pour la Recherche mentale. Si ça ne donnait rien, je pouvais appeler un certain Buddy, qui était privé à Sacramento, et lui donner un coup de main en échange d'un pourcentage. Mais avant d'en arriver là, j'allais passer un ou deux jours à mon bureau, à attendre le courrier et le téléphone.

Tout se passa bien pour aller à Hoover. La voiture marchait ; pas ma montre. La radio marchait, mais seulement sur deux stations, la jauge d'essence dansait follement sur son cadran, et mon pare-chocs était réparé, de même que mes deux phares.

Je me garai derrière le Farraday, fermai ma voiture à clé, regardai s'il n'y avait pas de clochard en maraude, et entrai. Sur le palier du premier, je vis Jeremy en conversation avec Alice Palice. Il tenait une bouteille de grésil d'une main massive, et un chiffon de l'autre. Alice parlait avec passion, et Jeremy hochait la tête. Je n'entendis pas ce qu'ils disaient, mais ils formaient un couple impressionnant — plus de deux cents kilos de muscles à eux deux.

Dans l'antichambre du bureau que je partage avec Shelly, je m'arrêtai pour examiner la reproduction poussiéreuse d'une dent pourrissante. Je me demandai ce qui se passerait si je me mettais à avoir mal aux dents. Demanderais-je l'aide de Shelly, ou me suiciderais-je ? Je traversai la salle d'attente, remis en place une chaise branlante, et vis Shelly en grande conversation avec une femme assise dans son fauteuil dentaire, et qui semblait vouloir s'en aller. Elle était petite, brune, avec de grands yeux noirs apeurés, et serrait sur son cœur un sac décoré de perles.

— Tu vois, dit Shelly rayonnant en enlevant son

cigare de sa bouche. Formidable, mon annonce. Il m'arrive des gens de partout. Cette femme vient de Juarez pour me consulter.

— Non, dit la femme. Non. *No quiero que usted trabaje en mis dientes.*

— Tu vois, gloussa le dentiste en la retenant de sa main grassouillette.

— Elle dit qu'elle ne vient pas pour que tu travailles sur ses dents.

— Mais si, dit-il, lui touchant la tête pour la calmer et accrochant sa chevalière à ses cheveux. Elle a peur, c'est tout. Ses dents ont besoin de soins. Dis-lui que j'accepte les pesos, mais que je fixe moi-même le cours de change.

— *¿ Qué quiere, señorita ?* dis-je.

La femme me dit alors, en espagnol et d'un ton paniqué, qu'elle avait vu la pub de Shelly, et qu'elle l'avait reconnu pour le dentiste qui avait cassé le bridge de son mari, dix ans plus tôt à Yuma. Elle était venue se faire rembourser.

Je traduisis pour Shelly qui porta la main à son cœur, comme s'il s'apprêtait à prêter allégeance au drapeau ou à avoir une crise cardiaque. Il le fit avec toute la sincérité d'un môme surpris les doigts dans la confiture.

— Je n'ai jamais vu cette femme ni son mari de ma vie ! s'écria-t-il. Dis-lui de s'en aller immédiatement. Allez, ouste !

— Comment sais-tu que tu n'as jamais vu son mari ? demandai-je, tandis que Shelly cherchait à décoller la femme de son fauteuil.

Maintenant, c'est elle qui ne voulait plus le quitter.

— J'ai, comme tu le sais, une excellente mémoire, dit-il en cherchant à entraîner la femme, ne s'arrêtant que pour s'émerveiller de sa détermination.

— *Mi esposo se llama Martin Gutierez*, me dit-elle.

Ce nom fit à Shelly l'effet d'une double dose de laxatif.

— Oh, non, dit-il. Dehors !

— *Recuerde*, insista-t-elle. *Mi esposo es un hombre muy grande.*

— Elle dit que son mari est un costaud, dis-je à Shelly, trouvant personnellement la scène très marrante.

— *Muy grande*, dit-elle, luttant avec Shelly pour garder son sac.

— Très costaud, traduisis-je.

Il lâcha le sac, essuyant son front suant du pan de sa blouse crasseuse, et souffla :

— Combien ? Combien elle veut ?

— *¿ Cuánto ?* demandai-je avec mon sourire le plus aimable.

Elle me le dit, mais je n'eus pas besoin de traduire.

— Cinquante dollars ? gémit-il. Jamais.

— A ton aise, Shelly, mais je crois qu'elle reviendra un de ces jours avec son mari, et ça te coûtera plus de cinquante dollars pour déménager ton cabinet. Sans compter que ton adresse personnelle est dans l'annuaire.

— Salopards de Mexicains, grogna-t-il en gagnant les tiroirs dans lesquels il range ses instruments, ses vieilles radios et une petite boîte de monnaie.

Le dos tourné, il fouilla en râlant, trouva ce qu'il cherchait, referma le tiroir et se retourna, quelques billets à la main. Il les tendit à Mme Gutierez qui les compta et les fourra dans son sac avec un grand sourire.

— Tu vois ces dents ? dit Shelly avec satisfaction. Dans quelques semaines, elles vont se mettre à tomber comme les nazis en Russie, et je ne lèverai pas le petit doigt pour l'aider.

Mme Gutierez me remercia et repassa la porte aussi vite que ses pieds pouvaient la porter.

— Saloperie d'annonce, grommela Shelly en allant se verser du café. Je vais la retirer.

— Tu as combien de Gutierez dans la nature, Shelly ?

— Aucun. C'est le seul. Légère erreur de jugement. Petite bavure. Tout le monde a droit à une erreur dans une illustre carrière. Même Joe Louis a perdu devant Schmeling.

Shelly rattrapa ses lunettes juste comme elles allaient glisser de son nez et, ce faisant, s'éclaboussa de café. Les gouttes allèrent rejoindre sur sa blouse un dessin compliqué d'autres gouttes.

La porte palière s'ouvrit et quelqu'un frappa à celle du cabinet.

— Ouais ! gueula Shelly, puis, s'adressant à moi : C'est sans doute les pompiers de South Pasadena qui viennent me faire la peau.

— Tu as soigné les pompiers de South Pasadena et...

— Simple vérification de routine, dit-il. Comment pouvais-je savoir ?... Toby, je te donne di... cinq dollars pour me protéger des patients irascibles jusqu'à la semaine prochaine quand on aura oublié mon annonce.

— On paye d'avance, dis-je, rayonnant.

Il fouilla dans sa poche, en ramena un billet de cinq. Il me le tendit en regardant la porte qui s'ouvrait.

Un couple, d'une soixantaine d'années, assez bien habillé, entra, la femme devant, l'homme derrière et se tenant la joue.

— Docteur Minch ? dit-elle en regardant d'abord votre serviteur, puis Shelly qui se cachait derrière moi, les deux mains crispées sur sa tasse.

— Minck, corrigeai-je. C'est lui.

— Nous avons vu votre annonce dans le journal. Joseph a une rage de dents terrible.

Shelly me tendit sa tasse et s'avança avec empressement pour conduire Joseph à son fauteuil dentaire.

— Vous avez vraiment de la chance, dit-il. Un de mes patients vient de se décommander.

Je versai le café dans l'évier, posai la tasse et entrai

dans mon bureau. J'appelai le *Levy's* pour voir si Carmen était arrivée. Elle n'était pas encore là. Je dis que je rappellerais. J'avais cinq tickets. Peut-être que je pourrais persuader Carmen d'aller manger quelques tacos avant une séance de cinéma. Laurence Olivier jouait dans *49e parallèle.*

Ce qui me rappela que je devais remmener mes neveux au cinoche dès que j'en aurais les moyens, si Ruth, ma belle-sœur, y consentait.

J'appelai, en regardant par la fenêtre si ma bagnole était en sécurité. Elle l'était. Ruth répondit à la deuxième sonnerie. A l'arrière-plan, j'entendais la petite Lucy demander : « Pourquoi ? Pourquoi ? Pourquoi ? »

— Ruth, c'est moi, Toby.

— Je sais. Comment ça va ?

— Ça va. Je pourrais emmener les gosses au ciné samedi soir ? Pas de films d'horreur. Je le jure.

— D'accord. Et comment s'est terminée l'affaire Mae West ?

Je ne savais pas ce que Phil lui avait dit de Mae West, ni même s'il lui en avait dit quelque chose, et je ne voulais pas risquer un impair.

— Mae West ?

— Toby, fit-elle, avec les hurlements de Lucy en fond sonore, je ne peux pas le lui demander. Il ne sait même pas que je sais, mais je sais. Je savais déjà au moment où c'est arrivé, juste avant notre mariage. Phil ne sait pas que je sais.

Je regrettais d'avoir appelé.

— Tout s'est bien terminé, dis-je. Phil est...

— Je sais, dit-elle. C'est un bon mari, et il travaille trop, et il se fait trop de bile et il est trop gros, et il aura une attaque exactement comme votre père s'il ne fait pas attention, et il y a peu de chances qu'il fasse attention.

— C'est à peu près ça.

— Viens dîner samedi avant d'aller au cinéma avec les gosses. Tâche d'être là vers cinq heures.

Elle raccrocha et je regardai mon courrier. Cinq lettres. Deux pubs, l'une pour des farces et attrapes, l'autre pour un abonnement à un magazine de B.D. La troisième était du fisc. Je la mis dans mon premier tiroir, avec les formulaires que je n'avais toujours pas remplis. La quatrième était une carte de remerciement de Cecil B. De Mille. Simple et de bon goût : « Merci. C. B. »

La dernière, c'était le mystère. Je la retournai deux ou trois fois et regardai l'adresse de l'expéditeur dans le coin gauche. Pas de doute. Elle était authentique.

Adressée à mon nom, avec la mention « Personnel ». Je pris mon coupe-papier tahitien et coupai soigneusement le rabat, me demandant qui pouvait bien m'écrire de la Maison-Blanche.

Achevé d'imprimer par Elsnerdruck
à Berlin

N° d'édition : 2868
Dépôt légal : avril 1998
Imprimé en Allemagne